海浮山堂词稿

〔明〕馮惟敏 著
凌景埏 謝伯陽 點校

上海古籍出版社

圖書在版編目(CIP)數據

海浮山堂詞稿 /（明）馮惟敏著；凌景埏，謝伯陽點校. —上海：上海古籍出版社，2018.11（2023.11重印）
（中國古典文學叢書）
ISBN 978-7-5325-8707-0

Ⅰ.①海… Ⅱ.①馮… ②凌… ③謝… Ⅲ.①散曲—作品集—中國—明代 Ⅳ.①I222.9

中國版本圖書館 CIP 數據核字(2018)第 018943 號

中國古典文學叢書
海浮山堂詞稿
〔明〕馮惟敏　著
凌景埏　謝伯陽　點校
上海古籍出版社出版發行
（上海市閔行區號景路159弄1-5號A座5F　郵政編碼201101）
（1）網址：www.guji.com.cn
（2）E-mail：guji1@guji.com.cn
（3）易文網網址：www.ewen.co
上海展强印刷有限公司印刷
開本 850×1168　1/32　印張 7.75　插頁 6　字數 130,000
2018 年 11 月第 2 版　2023 年 11 月第 2 次印刷
印數：1,801—2,400
ISBN 978-7-5325-8707-0
I·3238　平裝定價：36.00 元
如有質量問題，請與承印公司聯繫
電話：021-66366565

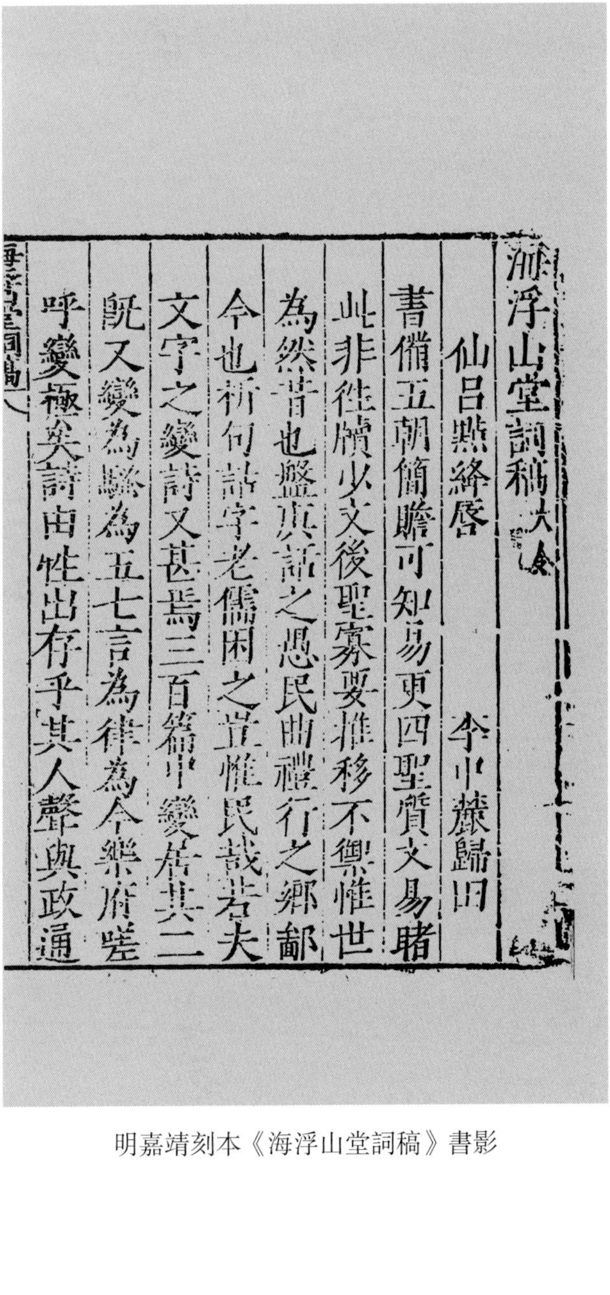
海浮山堂詞稿大全

仙呂點絳唇　李中麓歸田

書備五朝簡贍可知易更四聖質文易睹此非往牘必文後聖寡要推移不禦惟世為然昔也盤庚誥之愚民曲禮行之鄉鄙今也祈何詰字老儒困之豈惟民哉若夫文字之變詩又甚焉三百篇中變者其二既又變為騷為五七言為律為今樂府嗟呼變極矣詩由性出存乎其人聲與政通

海浮山堂詞稿

明嘉靖刻本《海浮山堂詞稿》書影

前言

馮惟敏（一五一一——一五七八），字汝行，號海浮。山東臨朐人。《馮氏世録》載：「公行四，生於正德六年九月初一子時，卒於萬曆六年二月二十日子時，享年六十八。」惟敏早年隨父裕輾轉宦遊于中都鳳陽、留都南京、貴州石阡等地，飽餐山川靈秀，亦備嘗奔波之苦。如其於《復友人書》中記録：「弱齡從先君子守石阡，備嘗夷方艱苦。既遷貴臬，分鎮威清，不離夜郎之域前後五年，間關萬狀。父子衣疏布，食粗糲，沖毒瘴，冒絶嶮，人所不堪，居之不變。」這些生活經歷，爲惟敏日後創作提供了厚實的養分。

惟敏自幼聰穎好學，才華富贍。「爲文闊肆，萬言立就」（《光緒臨朐縣誌》）。與兄惟健、惟重及弟惟訥，皆以詩名齊魯間，時稱「臨朐四馮」。嘉靖十六年（一五三七）惟敏舉於鄉，然累舉進士不第，其所謂「九躓賢科，不一作色」（《復友人書》）。至此，惟敏仕進之心已絶；其間，「結茅冶水之上，居焉。放舟上下，浩歌自適，望之如神仙中人」（《馮氏家傳》），竟二十餘載。

嘉靖三十六年（一五五七），巡撫監察御史段顧言巡按山東，此人貪婪無厭，搜刮囊取，民苦不堪言。馮惟敏在散套《吕純陽三界一覽》序云：「迨戊午丁巳間，有酷吏按治齊魯，大獵民貲，以填溪壑，累歲無饜。人人自危，莫知所止。」適次年馮氏家族因地産訟事，惟敏爲段顧言所虐，逮繫之濟南，數月乃放。四十一年（一五六二），惟敏進京謁選，授直隸淶水知縣，又因懲辦兼併民田之豪貴而爲勢族所不容，謗詬四起，坐謫鎮江府學教授。隆慶元年（一五六七），聘典雲南鄉試謄録。三年（一五六九），選保定府通判。六年（一五七二），會左遷魯王府官，遂自免歸。

馮惟敏爲官十年，清廉勤政。據《馮氏家傳》記載：「縣所食用取諸俸，稍不以煩里甲。出則簞食壺漿自隨。繕學宫，浚城隍，樹以榆柳，行道之人歌詠之。」然而親歷了官場的齷齪黑暗，使原「只想把經綸大展」的馮惟敏極爲悲憤和失望，他在【點絳唇】《改官謝恩》曲中寫道：「俺也曾宰制專城壓勢豪，性兒又喬，一心待鋤奸剔蠹惜民膏。誰承望忘身許國非時調，奉公守法成虛套。没天兒惹了一場，平地裏閃了一跤。」歸里後，築「即江南」亭於冶源别墅，因稱海浮山人，寄情山水，終老田園。

馮惟敏的文學創作有詩、詞、文、賦、散曲、雜劇等，其中以散曲數量最多，成就最大。散曲是金元時期繼「宋詞」而發展起來的一種「歌曲」的形式。其「歌」，我們稱之爲「唱曲」；其「曲詞」，我們稱之爲「填詞」或「填曲」。從形式上看，散曲和詞有很多的一致性：同樣有「牌調」，同樣是長短句，同樣是吟唱的。所不同的是散曲的用韻、襯字及套曲形式，它要比「詞」在運用上更爲自由，表達上更爲舒放；更重要的是散曲所表現的内容、情感、風格，以及音樂特徵，比「詞」更貼近金元時的民間生活，更符合金元時人對曲樂的欣賞要求。曲分南北，這是從樂調發源於南北地域不同而言，因之，南北曲之唱腔、風格特徵亦迥異。所謂「北主勁切雄麗，南主清峭柔遠」（王世貞《曲藻》）。金元時期，女真族大舉侵入中原，隨之胡樂便猶如一股風潮流播於中原。徐渭《南詞叙録》描述：「今之北曲，蓋遼、金北鄙殺伐之音，壯偉狠戾，武夫馬上之歌，流入中原，遂爲民間之日用。宋詞既不可被弦管，南人亦遂尚此，上下風靡。」故而興起於金元之際的北曲，一反南宋詞壇「燕燕輕盈，鶯鶯嬌軟」的婉約靡麗之風，以恣肆潑辣、率真直樸、波俏謔浪的語言風格，憤世避世、逸興林泉的内容特徵，以及樂曲旋律上的異域風采，風行於金元文壇，在詩的發展史上，取得與唐詩宋詞三足鼎立的地位。元代是散曲發展的鼎盛期，至朱明，散曲在經歷了從永樂至成化中後期近八十年的寂寥期後，隨着陳鐸、康海、王九思、王磐、楊慎、黄峨、李開先、馮惟敏、唐寅等衆多優秀曲家的湧現，進入又一個鼎盛時期。其中以山東曲家群領軍人物馮惟敏尤爲耀眼。前人對馮惟敏散曲評價很高。王世貞云其「獨爲傑出，其板眼、務頭、攛搶、緊緩，無不曲盡，而才氣亦足發之」（《曲藻》）。任中敏直云「海浮曲全是一團拴縛不住的豪氣。然排奡而能妥帖，詞中之辛稼軒、陳迦陵也」（《曲諧》）。鄭騫更是將馮氏與元張養浩以及明代另兩大曲家康海、王九思作比較：「馮惟敏的散曲與張、康、王三人可以算作同派，而堂廡氣象比他們三人更顯得闊大一些，更能充分地表現出作者的人格和學問。」（《景午叢編·馮惟敏與散曲的將來》)馮沅君則指出「在明代散曲家中，馮惟敏應爲第一人；即合元明兩代的作家言，他也是第一流」(《中國詩史》)。

馮惟敏散曲能如此炫目，其緣由之一便在於作者所表達出的情懷已超越一般文人士夫自我的懷才不遇、個人的悲憤感悟，而是展現出一種仁者濟天下、親民愛民、體恤民隱的儒者大胸懷，即鄭騫所謂的「純粹儒家者流也」(《馮惟敏及其著述》)。在海浮的作品中，我們可以感受到作者這種隨着民喜而喜、民憂而憂的情感起伏。如小令【玉芙蓉】《喜雨》、《苦雨》、《苦風》、《喜晴》：

村城井水乾，遠近河流斷，近新來好雨連綿。田家接口薥秫飯，
書館充腸苜蓿盤。年成變，歡顔笑顔，到秋來納稼滿場園。(《喜雨》之一)

恰纔慶雨澤，豈料爲民害！一時間旱潦齊來。牆傾屋塌千家壞，
水浸風磨五穀災。多奇怪，時乖命乖，嘆吾生畢竟是老窮胎。(《苦雨》之二)

封家十八姨，毒害能爲祟，撞南牆猛雨如錐。摧殘禾稼飢難濟，
壓倒房廊命有虧。民何罪？天知地知，願回心風調雨順霽嚴威。(《苦風》之二)

陰雲萬里無，積雨千山度，拯群生脱離了泥塗。青天豈有絶人路，赤日還爲救命符。沽酒處，三壺兩壺，眼見的樂陶陶醉倒了老農夫。（《喜晴》之二）

作者由喜而哀而怨又復喜的情緒變化，躍然曲間。馮氏散曲中這類關切民生疾苦的作品很多，又如【胡十八】《刈麥有感》寫道：「今年無麥又無錢，哭哀哀告天，那答兒叫冤？但撞着里正哥，一萬聲可憐見。」【折桂令】《刈穀有感》寫道：「麥也無收，黍也無收。恰遭逢饑饉之秋。官又憂愁，民又漂流。誰敢替百姓擔當？怎禁他一例誅求！」他甚至在曲中直唱道：「穀賤傷農傳自古，并不分貧富。」擔憂「拋荒了好莊田千萬畝」（【清江引】《戊寅試筆》）。這些都可以看作是馮惟敏對朝廷和官府的謹告和呼籲。

海浮作爲「儒家者流」，「學而優則仕」、「爲政以德」必然是他的思想核心和行爲準則。雖然累困南宫，「九躓賢科」亦可謂鍥而不捨。爲官十年，其初衷如他曲中寫道的：「天地無私，文章有用，保山河大一統。效忠、奉公，莫虛耗堂食俸。」（【朝天子】《感述》）「俺子索采民風詢民瘼解民憂，修德弭天災，黎庶無逃走。蠲税感皇恩，老幼長相守。」（【點絳唇】《郡廳自壽》套）這是多麽高的爲官境界，即便在今天也是很多官員所未能企及的。然而遭受了謗訕謫貶，目睹了官場黑暗，馮惟敏認識到「官清氣不長，財多福自來。……奴顔卑膝終須貴，義膽忠肝反見猜」（【端正好】《徐我亭歸田》套）。他没有沉湎於一般士夫騷人的自怨自艾，歌哭不平於山水間，而是以

「憑着頂觸佞嫉邪獬豸冠，且不問眼皮上前程近遠」（【新水令】《憶弟時在秦州》套）的凛然氣概，竭盡聲色描繪，寫下許多諷世罵世，爲民請命喊冤的佳作：

如【端正好】《徐我亭歸田》套：

磣可查荆棘排，活撲剌蛇蝎挨；打週遭擠成一塊，諕得俺脚難挪眉眼難開。一箇虛圈套眼下丢，一箇悶葫蘆腦後摔；踩着他轉關兒登時成敗，犯着他訣竅兒當日興衰。幾曾見持廉守法埰了冤業，都子爲愛國憂民成了禍胎，論甚麼清白？（【滚綉毬】）

【清江引】《八不用》令：

烏紗帽滿京城日日搶，全不在賢愚上。新人换舊人，後浪推前浪，誰是誰非不用講。

【醉太平】《李中麓醉歸堂夜話》令：

包龍圖任滿，于定國遷官，小民何處得伸冤？望金門路遠。嚴刑峻法鋤良善，甜言美語扶兇犯，死聲洶氣叫皇天，老天公不管。

尤其是【端正好】《吕純陽三界一覽》和【耍孩兒】《骷髏訴冤》、《財神訴冤》數套，通過群鬼、骷髏、財神的表述，對人間官場齷齪、官員兇殘苛酷、枉法貪贓的醜惡作出深刻的揭示和批判：

有錢的快送來，無錢的且莫慌，尋條出路翻供狀。偷與我金銀橋上磚一塊，水火爐邊油兩缸，殘柴剩炭中燒坑。若無有這般打典，脱與我一件衣裳。（《吕純陽三界一覽》）

常言道錢出急家門，財與命相連，將錢買命非輕賤。王員外過付銀一萬，李大舍交收金一千，招詳改擬銷前件。執法司倒做了枉法，洗冤録却做了啣冤。（《骷髏訴冤》）

鐵掃帚便是掃地王，皮笊籬做了個聚寶盆，瞞天一網都撈盡。蚰蜒穴内難逃命，狼虎唇邊怎脱身？狠心腸還道無滋潤。頭髮根兒裹數算，牙齒縫兒裹搜尋。（《財神訴冤》）

從「史」的角度看，這些作品形象深刻地展現出明嘉靖年間官場的一個真實畫卷；從作品内容的精神層面看，則展現了馮惟敏濟世愛民、清正不阿、一憂一患皆在於民的儒者風範和情懷。而這，正是曲作所藴含的歷史意義和人文感動，馮氏散曲之魅力所在。

其次是馮氏散曲中激蕩湧動的大氣勢。任中敏讚之爲「一團拴縛不住的豪氣」，「咄咄逼人」(《曲諧》)。馮沅君稱之爲「堂廡宏闊」(《中國詩史》)。海浮善用排句，尤其是在一些句式多而連貫，講究對偶，或一些可不拘句數的牌調裏，馮惟敏可謂發揮得淋漓酣暢。如《李中麓歸田》套之【混江龍】一曲：

山河依舊，其中自古聖賢州。似您這天才傑出，真個是無愧前修。霎時間對客揮毫風雨響，世不曾閉門覓句鬼神愁。囊括了三墳五典，八索九丘；網羅了百家衆技，三教九流；席捲了兩漢六朝，千篇萬首；彈壓了三俊四傑，七步八斗。俺也曾夜到明明到夜聽不徹談天口，則爲他心窩兒包盡了前朝秘府，舌尖兒翻到了近代書樓。

按律此曲爲九句，第六句「世不曾閉門覓句鬼神愁」下作者可以根據自己的才氣任意增四字對句。這裏海浮一連接了四個對句，排奡曠達，一氣呵成；後面三句其實是一個三字句，兩個四字句，海浮又嫺熟地運用了襯字，以接洽前面曲文呼叱而下的氣勢。這僅從作曲的技巧與文氣言，足以展示其豪邁氣勢的還有海浮散曲中笑傲山林，寄情海岱間的「歸田、樂隱」作品。如【鴻門奏凱歌】《謝諸公枉駕》：

邀的是試春遊張曲江，訪的是耽酒病陶元亮，行的是快吟詩唐翰林，坐的是會射策江都相。呀，這的是白雲明月謝家莊，抵多少秋風野草鎮邊堂。您子待平開了西土標名字，俺子待高卧在東山入醉鄉。周郎，耳聽着六律情偏暢；馮唐，身歷了三朝老更狂。

這類曲作潑辣灝爛，氣勢跌宕噴薄，在其他元、明「歸隱」類曲家的作品中亦不多見。任中敏直讚爲「高趣涵空，英姿颯爽」（《曲諧》）。

再次便是海浮散曲所秉承的元人風骨。歷來認爲，馮惟敏承元人豪放一脈，凌濛初《譚曲雜札》云：「其當行者曰『本色』。……國朝如湯菊莊、馮海浮、陳碧秋輩，直闖其蕃……元派不絶也。」元散曲所建樹的潑灑豪辣、直白俚俗、亦噱亦諷、蒜酪蛤湯的美學特徵，在海浮曲創作中都有很突出的表現。如：

問道先生笑甚麼？笑的我一仰一合，時人不識余心樂。呀，兩脚跳梭梭，拍手笑呵呵，風月無邊好快活。（【河西六娘子】《笑園六詠》之一）

叫喳喳早鴉，鬧吵吵晚蛙，混不了漁樵話。溪山環繞兩三家，就裏乾坤大。草舍斜開，蒿籬亂插，有鄰翁同笑耍。煎柏葉當茶，燒蔓菁燙牙，吃不飽由他罷。（【朝天子】《解官至

舍》之十三）

論形容合不着公卿相，看丰標也没有搊搜樣。量銜門又省了交盤帳，告尊官便準俺歸休狀。廣開方便門，大展包容量，换春衣直走到東山上。（【塞鴻秋】《乞休》之一）

誰説俺不平，俺元無宦情。秋收田地到春耕，從來是本等。懶驢愁治不了傳槽病，餵貓食救不的殘生命，使牛歌改不了舊音聲，急歸來笑聽。（【醉太平】《遂閑》之一）

海浮善用俗語、謔語、大白語，在這點絲毫不讓元人。右舉四例，前二首俚言俗口，看似素色白描，却將作者歸田的喜悦和生活情狀，呈現得鮮活明朗；而曲中洋溢的率真灑脱之氣韻，直逼元人殿堂。後二首自喻自嘲，亦諧亦諷，風格謔浪潑剌，渾然成趣，其蒜酪蛤湯之味自與元人相接。此類作品馮曲中多且可觀，在自我揶揄中透出對官場黑暗的憤懣，也在戲謔嘲弄中徹底放下世俗功名的牽絆。所謂「打疊起經綸手段，展放開風月情懷」（【端正好】《徐我亭歸田》），「浮名不到雲水邊，從此無羈絆」（【朝天子】《將歸得舍弟書》之一）。海浮曲中這種山水林泉的陶情逸興，和對名韁利鎖的放手，似乎比元人來的更爲「真誠」和「無累」，有着「浴乎沂，風乎舞雩，詠而歸」（《論語·先進篇》）的境界，鄭騫稱之爲「以儒家的思想襟抱放在曲子裏邊來代替道家的氣氛」(《馮惟敏與散曲的將來》)。

對於南曲的創作,沈德符《顧曲雜言》有「馮海浮差爲當行,亦以不作南詞耳」的記載。而事實是:馮惟敏亦富南曲。在他五二二首小令中南曲即有二〇七首,竟有三分之一强;南調套數五篇。明代自昆山腔興起,曲風尤崇流麗悠遠,如以南曲之審美取向論,確如任中敏所云「以之爲南曲,乃嫌叫囂矣」(《曲諧》)。然若撇開南調柔婉的唱腔要求,僅從文學層面的審美意義看,海浮南曲所散發的那種波俏、明快、清新的氣息,又何嘗不是給明南曲創作帶來新意?如:

攜取隨身藜杖,行過芳草塘,步步惹花香。得句拈鬚,咨嗟嘆賞,忽聽村童嘲唱。一曲滄浪,争如爾曹信口腔!閃脱是非場,登開名利韁。(【朝元歌】《山中客至》之二)

小小漁船,只在烟波七里灘。潮落魚龍堰,霜老菰蒲岸。嗏,占斷水中天,盡日流連。飲罷香醪,再把魚兒换,遥指江村舉釣竿。(【駐雲飛】《秋日偶成》之三)

這兩支閑適恬隱的南小令,清新俊逸,竟有小山遺韻;雖南調卻透着北風,别具情致。海浮南曲中還有許多閨情閨怨和風月之作,尤爲出彩者如【二犯月兒高】《閨情》八首,列舉二以窺一斑：

小院香風過，疏簾淡烟鎖，舞倦垂楊綫，飄盡梨花朵。懊惱今春，偏把俺折挫。腰肢瘦小瘦小些兒個。見了憔悴形骸，心疼殺可意哥。哥，喬樣兒託誰學？一似皓月難圓，減容光夜夜磨。

遠樹寒蟾下，長空凍雪撒。風動流蘇帳，冷透凌波襪。夢兒裏温存，熱突突都是假。醒來提着提着名兒罵。兜的俺惱亂柔腸，悶殺人只爲他。他，一迷的使虚花，想的他一脚兒回來，實心兒不到家。

寫得恣肆波俏，情趣横生。無怪乎吴梅盛讚「且海浮所長，豈獨北詞而已哉。其【月兒高犯】八支，遠勝李中麓【傍妝臺】十倍……其詞深得南人三昧，顧世皆以北調相推重，亦傳之有幸不幸焉」（《顧曲麈談》）。

概言之，馮惟敏的散曲成就和影響，在中國散曲史上舉足輕重，至今都在給予人們精神與藝術的享受。

下面談本書的版本及整理情況：

《海浮山堂詞稿》係馮惟敏散曲集，有以下諸種刊本：

一、明嘉靖丙寅刻本（有《續修四庫全書》影印本，簡稱刻本）。全書四卷，每卷一册；每册封面寫刻「海浮馮先生詞稿」題籤。前有「山堂詞稿引」，署「丙寅閏月海浮山堂題」。但書中所收作品係萬曆初年者甚多，且時有自記，當是馮惟敏晚年手訂本，由馮氏後人刊印，仍用嘉靖丙寅原刻舊序，此爲現在所能見到傳世的馮曲最早刻本。卷一大令（即套曲）；卷二歸田小令，内誤入【耍孩兒】《十自由》一套；卷三擊節餘音，有散套及雜曲（小令），其中《僧尼共犯》爲雜劇《僧尼共犯》第一折套曲；卷四録散套五，附雜劇《玉殿傳臚》、《僧尼共犯》。

二、鄭振鐸舊藏鈔本（簡稱原本），全書四卷，卷爲一册，字數、行數、頁數、款式都與嘉靖丙寅刻本無異，惟散曲後附《玉殿傳臚》、《僧尼共犯》雜劇兩種，僅存目録而無曲文。

三、明代汪廷訥環翠堂刻《坐隱先生選本》（簡稱汪本）。

四、任中敏編《散曲叢刊》本（簡稱任本），亦係據嘉靖丙寅刻本複印，但删去雜劇二種。

本書以鄭振鐸舊藏《海浮山堂詞稿》鈔本爲底本，用其他三種刊本比勘；參校的還有以下十種曲選別集：《北宮詞紀》六卷、《南宮詞紀》六卷（明陳所聞輯，萬曆間刻本）、《南詞韻選》十九卷（明沈璟輯，萬曆間吴江沈氏刊本）、《昔昔鹽》五卷（明魏之臯輯，萬曆間刻本）、《吴騷二集》四卷（明張琦、王煇輯，萬曆間長洲周氏刊本）、《吴歈萃雅》四卷（明周之標輯，萬曆四十四年刻本）、《彩筆情辭》十二卷（明張栩輯，天啓四年刻本）、《太霞新奏》十四卷（明顧曲散人輯，天啓七年刻本)、《吴騷合編》四卷(明張楚叔、張旭初輯,崇禎間刊本)、《南音三籟》四卷(明凌濛初輯,清康熙七年袁園客重刻本)等。底本如有明顯訛誤,則徑行改正;如有脱漏衍奪,則注明據何本補正;參校各本之互異文字,均一一注出。誤入卷二的【耍孩兒】《十自由》套,兹移至卷三;雜入卷三之《僧尼共犯》劇套,存之以保持全貌。另據汪氏環翠堂選本補【錦堂月】、【高陽臺】各一首。

本書共收小令五百二十二首,套數四十八篇。

本書於一九八一年由上海古籍出版社刊印,這次重刊,再次得到了上海古籍出版社的支持,在此深致謝忱!本人限於識見,疏誤在所難免,至盼方家不吝賜正。

謝伯陽

歲次甲午二〇一四立夏重訂於吴門

山堂詞稿引

山人與老農語，或共野客遊，不復及文字，亦不説詩，乃間以近調自寓，取足目前意興而止。而好事者喜聞之，傳至名流鉅工，亦未始不粲然擊節云。壬戌春，余策款段出山中，遂浪迹風塵雲水間。每有知遇，尚論古文辭，亦或及此，輒徵稿不止。然稿不恒留。余弟往在秦州刻詩紀，以其羨刻石門樂府。余今刻山堂輯稿於潤州，既迄工，乃别輯此卷刻之，亦惜其羨耳。第不欲以序辱作者，漫筆是語於簡端。丙寅閏月，海浮山人題。

海浮山堂詞稿目録

卷二上

歸田小令

卷二下

卷三

卷四

附録

海浮山堂詞稿卷一

大令

仙吕點絳唇　李中麓歸田

書備五朝，簡贍可知；易更四聖，質文易睹。此非往牘少文，後聖寡要，推移不禦，惟世爲然。昔也盤庚話之愚民，曲禮行之鄉鄙；今也析句詁字，老儒困之，豈惟民哉！若夫文字之變，詩又甚焉，三百篇中，變居其二。既又變爲騷，爲五七言，爲律，爲今樂府。嗟乎，變極矣！詩由性出，存乎其人；聲與政通，繫諸其俗，古近遞降，如鱗次然。軒古輊今，不煩審辨，然而作者可以適性，聞者可以考俗，感發鬱陶，激昂偷靡，其用一也。間出淫慝，古亦有之，放之而已。操觚之士，鶩心爾雅，樂府有作，力究兩京，得其文，逸其義，得其義，亡其聲，要之，文固未通釋也。即文義酷肖，不協鍾律，不足以爲樂；即併得之，必今人弗聽也，亦何貴於導善滌邪者哉！夫楚音隕江東之涕，胡笳起漠北之思，易其地則不爲動。世葉邈絶，又何啻此？孔子删詩之後，被之管絃，要必審五方之音，各歸本調。後之誦者，一以江左聲協之，其能合乎？離騷多禮神之辭，漢魏皆絃歌之曲，音響節奏，自出一機，繩以今韻，然且不可。律體既盛，始嚴沈法，雖云格力非古，而李唐樂歌，即多近律，如太白清平調曲，及郭氏諸所收集是也。唐律大法固在，然其聲之舒疾高下，不得而聞；且以渭城短律，婦人稚子，知誦其句。至使文士興歌，人自爲疊；琴師按譜，不一其聲。則他所依放，例可知也。宋曲見於今者，有辭無聲，其僅存者，一二而止。漢志曰：周衰，禮樂俱壞，樂尤微眇；後世之聲，既非盡美，又奚傳焉！嗟乎，聲音之道，不在雅頌，而在今樂。有識病之，其機緘變易，關乎人理，亦氣運然與。故每域於本朝，不相流襲。豈直聲音，文亦不逮，四言盡於三百，五言極於漢魏；唐律宋詞，各臻其工。模擬雖逼，定不及也。僕性嗜古，凡文章度數，遊心無礙，獨於正樂，有夙憾焉。移風無自，寄興靡依，一有感發，莫能遂歌，微吟不絶，姑託近調。嘗見鴻筆大家，顧或爲之，何也？予聞之，今之樂，猶古之樂也。又云，古人之詩，如今之歌曲。往竊疑之。乃孔子有志三代之英，又曰：「吾舍魯何適矣！」固亦有不得已者。吾鄉中麓李公，博學正誼，予心慕之。都中邂逅，彼此塵鞅，未緣請益。頃抗疏歸田，娛情述作，紹作大雅，討論秘文，雜興所及，時涉新譜，其亦游戲翰墨故邪，抑定樂之無繇也？僕因得而聽之，意真味婉，氣正聲平，借使達者屬耳，擊節賞音，里人聞之，亦足以發流通之妙，不在茲乎！秋夕共語，刻本作話悉所未聞，偶論樂聲，深契予意。途次無聊，遂成俚闋如左。

瀚海洪流，岱宗神岫，英靈湊。淑氣充周，醞釀盡乾坤秀。

【混江龍】山河依舊，其中自古聖賢州。似您這天才傑出，真箇是無愧前修。霎時間對客揮毫風雨響，世不曾閉門覓句鬼神愁。囊括了三墳五典，八索九丘。網羅了百家衆技，三教九流。席捲了兩漢六朝，千篇萬首。彈壓了三俊四傑，七步八斗。俺也曾夜到明明到夜聽不徹談天口，則爲他心窩兒包盡了前朝秘府，舌尖兒翻倒了近代書樓。

【油葫蘆】多少詞林翰府儔，則被他一筆勾；乾坤豪士眼中收，這其間能說會道堪居首。剛道箇真材實料難禁受，說甚麽琴遇知音，再休提棋逢對手。每日價自歌自飲嫌孤陋，乞求的黄卷上結交游。

【天下樂】千載名賢儘應酬。風流，意氣投，短檠長夜三更後。話高情曲一腔，賞雄篇酒滿甌，消繳些天長和地久。

【那吒令】掃鸞牋運肘，試錦心繡口；望龍顔拜手，犒金花玉酒；宴瓊林上首，折天街御柳。瑞烟開金馬門，香風嫋銅龍漏，擺鵷行緩轡聲幽。

【鵲踏枝】論功業比伊周，論文學擬曹劉。憑着你柱石彤庭，黼黻皇猷。會談間把前賢考究，羡君家自古傳流。

【後庭花】你本是那佐唐虞賢聖胄，皋陶爲理，後世以李爲氏。有幾箇正綱常清議友？膺。劾治了背闕將軍罪，勉。判倒了太平公主讎。元紘。聖恩優，受用些酴醿賜酒，絳。只吃的醉朝天拜玉樓。汝陽王璡。中興功第一流。光弼。丹扆箴取次投，德裕。避賢詩歸去休。適。陳情表不自由，密。北海尊任意酬，邕。西崑體到處謳。商隱。

【青歌兒】坐卧間牙籤牙籤萬軸，繁。行動間錦囊錦囊千首。賀。便做了三朝卿相也索意休，昉。怎癡心寧耐，白首封侯。廣。我則待鶴背雲頭、八極周遊、少君。函谷騎牛、聃。采石登舟、白。烏鳥相投、白鹿爲儔、涉。少室藏脩、渤。盤谷清幽。愿。可正是龍眠高隱百無憂，公麟。無福也難消受。

【寄生草】漢文皇空拊髀，酬國志難罷手。牧。你從來紗籠就裏埋名舊，藩。投至得御樓側畔承恩厚，昉。終有箇凌烟上面圖形秀。靖。你道是八磚學士懶朝參，程。我道是十年宰相須承受。泌。

【賺尾】四海覓知音，五嶽尋朋舊，赤緊的馮唐不偶。至如今手把陰符覽未休，嘆韶華又早大火西流。氣橫秋，笑看吳鈎，則待要向長安函送單于首。俺這裏帶斜陽倚樓，只落的伴黄花勸酒，約定了清風明月兩悠悠。是年北虜始寇邊。

南呂一枝花　謝少溪歸田

北宮詞紀題作謝司馬少溪歸田。

少溪翁與先兄冶泉公同薦於鄉，意氣甚相得。既舉進士，爲侍御史，侃侃有聲稱；視學畿内，累官大中丞，晉司馬，督戎政，威名大顯。一旦上疏，求解兵權，歸休於繡水之上。余適過章邱，薄暮詣訪約，主賓野服相見，繾綣話契誼。酒數行，令余爲歌詞，以志高逸。余笑而謝曰：「今之詞手，章邱人擅場矣！」余於此蓋難乎爲詞哉。

慵聽玉殿鞭，怕待金門漏；承恩雙鳳闕，拜表五龍樓。笑解歸舟，打疊起麟袍袖，收藏了寶帶鈎。閒時節尋一片繡水漁磯，悶時節訪幾箇青山道友。

【梁州】人道是前朝王謝，俺道是當代伊周。生平事業都成就。對丹墀三千禮樂，擁畫戟百萬貔貅；網羅轂公門桃李，羽扇麾帥府諸侯。酬志了三十年廊廟分憂，準備着數千里湖海遨遊。也不戀大官羊列鼎鳴鐘，也不厭家常飯粗茶淡粥，也不嫌小村莊瓦鉢磁甌。書樓、筆疇，調停歲月閑消受。酒三杯、詩數首，有時節高卧東山不可留，念蒼生也索回頭。

【尾】者麽您惠連康樂争馳驟，明月白雲共宴遊，樂事賞心隨處有。俺則待畫山光一丘，寫行樂一軸，唱一會歸去來辭開笑口。

雙調新水令　憶弟時在秦州

余弟在秦州，五年不得調。前此及今，浮沉五品秩凡七任，歷十有五年，五品以下不論也。余居山中，秋風四起，油然興懷。憐濡滯之迹，觸離隔之情，而不自知其身之濩落無當也。形神千里，意緒萬重，書所不盡，申之詞章。山中簡册不攜，韻或出入，弗計也。

金風飄杳隴雲寒，惜分飛兩行征雁。碧連芳草渡，紅綻蓼花灘。須有箇北向南還，經幾度春老秋殘，只聽的失羣聲遍霄漢。

【駐馬聽】悶倚闌干，宿酒初醒月露寒；慵拈筆硯，新詩欲寄海天寬。紅塵迢遞鶺鴒原，黄昏冷落棠梨院。凝望眼，側身西塞情無限。

【沉醉東風】受盡了半生偃蹇，乞求的兩字平安。他那裏爲我思，我這裏因他盼。大丈夫撼海推山，憑着頂觸佞嫉邪獬豸冠，且不問眼皮上前程近遠。

【雁兒落】蕭颯颯風吹函谷關，淅零零雨洗連雲棧。煖溶溶烟封兩漢宫，明皎皎月滿三秦甸。

【得勝令】呀，爲甚麽懶把素書看？止不住常將寶刀彈。顯不得冰玉聲名響，跳不出金銀世界寬。自離了長安，一步步音書斷；才到了關山，一程程道路難。

【沽美酒】見如今坐不寧卧不安，衣不解飯不餐，只待要遠播天威蕩了塞垣，指日間生擒了可汗，平躐了土西番。

【太平令】二十載風霜冷淡，數千里山水瀰漫。望君門空瞻霄漢，盼家音難憑魚雁。我呵到如今意懸，夢牽，不由我淚彈。呀，生被這不做美的雲山離間。

【川撥棹】一會價謾俄延，可知我功名薄緣分淺。總不如袖手高閑，閉口無言，冷眼傍觀。那答兒鶴長鳧短，且埋頭山水間。

【七弟兄】每日價竹邊，水邊，任盤桓。對芳尊數轉嬌鶯勸，插綸巾一朵野花鮮，採瑶芝幾箇幽人伴。

【梅花酒】嘆光陰撚指間，怕皓首蒼顏。恨遠水遥山，想鷺序鵷班。悔當初容易别，至如今見面難，望燕臺不可攀。有一日九天上舞青鸞，五雲裏捧花箋，萬里外促雕鞍，千官隊拜金鑾。

【收江南】呀，烽塵寂静玉門關，恩波蕩漾錦江山；滿天兵甲一齊閑，把干戈盡偃，邊臣歌舞入長安。

此詞作於嘉靖庚申之秋，筆未竟，不覺淚下。時舍弟方奔走障塞，得而覽之，復余曰：「車中讀未竟，輒淚下。」夫兩地之淚，豈以功名下哉！明年，弟稍遷河南參議；又明年，相見於京邸，余亦授官矣。自是南北分攜，往復相左者七年，始遇於郟，旅舍不寐，戀别無計，復分袂去。又二年，弟以入覲，便道求晤於保郡，而歸志遂由此定。從前感懷，可以消遣。是知天倫之樂，合并之趣，不在仕路，而在山中。

正宫端正好　徐我亭歸田

我亭徐子守霸，郡甫再朞，乃輒歸田間。先是道路宣言，徐守召還京曹，吾弗聽也。輿望當還，其如時事何！居無幾，又言徐守以論免，吾又弗聽也。即多口如公論何！已而守果東歸。匝一月，余始知之。輾然笑曰：「公論竟不能與時抗哉。」郡故有名，而業已瘵敝，邇益敝甚矣。公私仰給者，循其名而責之備，持之日益急，歲且大侵，民弗堪命。守以節用愛人四字平其政，若之何勿論且免也。時余偃蹇卧茂林深巖中，聞徐子免官不足惜，獨惜其不能徑造山人，濯塵容於清泠之淵，而猶有依依兒女子情耳。然幸高堂重慶，方罄至歡；余又以苦熱，憚於獨往，即未知先發者誰，且恨無五尺童走相訊也。客有言及徐子者，輒作不平氣。或曰：「二十年科名，博官二年耳，是古人什一之法。」或曰：「節慎憂民，而坐此廢放歸，無以自謀，奚什一法也？」余則笑止之曰：「客之爲徐子計，是不知徐子者；爲余言之，是不知余者。客且休矣，余將洗耳於清泠之淵。」客謝不敏去。余乃臨流沃潁，爲填此詞。後有知徐子者，必使歌之。

跳出了虎狼穴，脱離了刀槍寨，天加護及早歸來。甫能撮湊到紅塵外，總是超三界。

【滚綉毬】磣可查荆棘排，活撲刺蛇蝎挨；打遇遭擠成一塊，諕得俺脚難挪眉眼難開。一箇虚圈套眼下丢，一箇悶葫蘆腦後摔；踩着他轉關兒登時成敗，犯着他訣竅兒當日興衰。幾曾見持廉守法垛了冤業，都子爲愛國憂民成了禍胎，論甚麼清白？

【叨叨令】見了箇官來客來，繫上條低留答刺的帶。又不是金階玉階，免不得批留鋪剌的拜。恰便似天差帝差，做了些希留乎剌的態。但沾着時乖運乖，落得他稽留聒剌的怪。兀的不磣殺人也麽哥！兀的不磣殺人也麽哥！單看你胡歪亂歪，粧一角伊留兀剌的外。

【脱布衫】謝天公特地安排，感吾生苦盡甘來。熱還了蠅頭利債，再不把文章零賣。

【小梁州】也是俺八字生時小運該，捱過了月值年災，等不得滿頭風雪却歸來；清江外，鷗鷺免相猜。

【幺篇】雲深三逕無邊界，急回頭滿地蒼苔。不負汪本作須。咱，多寧耐，年年相待，松菊手親栽。

【上小樓】風光未改，規模猶在，不由俺眼兒端相，口兒嗟咨，意兒裁劃。爲着那料不開、劃不來、功名草芥，險把俺潑生涯丢答在九霄雲外。

【幺篇】多虧承廉訪司，乾生受御史臺。倒惹的百姓攀留，妻子埋冤，隣里疑猜。假若是弄不諧、這一排、大驚小怪，怎能勾安樂窩通轟自在。

【滿庭芳】田連滄海，門垂五柳，院列三槐。從今不受人禁害，事事丢開。弄機權聽他喝采，隨本分看俺偷乖。垂堂戒，低頭自揣，再不説濟川才。

【快活三】帶清風兩袖來，喫緊的少金帛。雖然不得世人財，也省了花打算胡支派。

【朝天子】薅鋤了草萊，掃除了小齋，破漏處重苫蓋。軒窗窈窕忒幽哉，就裏無拘礙。儘俺粧酣，饒他作歹，笑呵呵佯不采。丢一箇眼色，唱一會哈咳，雲去也青山在。

【四邊静】霎時間龍歸大海，蝦笑泥蟠，蚓笑塵埋。誰識俺放浪形骸，寄傲乾坤外。須不是閉户窮愁傻原本作俊，兹從刻本。秀才，一納里無聊賴。

【耍孩兒】浮生但得閑身在，一萬兩黄金難買。今日箇月明千里故人來，抵多少位列三臺！無官纔是神仙福，有道難爲將相才。爲甚麽跳出樊籠外？這的是急流勇退，須不是早發先衰。

【十七煞】追魂牒拜相麻，捨身崖拜將臺，未央宫慣把忠良害。粉蛾投火休言命，錦鯉吞鈎不是災，貪心所使非無奈。怎似這赤松伴道，也免得黄犬唧哀。

【十六煞】高名重似山，通途黑似海，鵬程反被蛛絲礙。無心出岫閑雲散，捲翼投林宿鳥來。悠悠世事皆身外，盡是些虚舟飄瓦，斷梗枯荄。

【十五煞】當初錯認真，而今且買獃，爲只爲到頭不把心田壞。鞭箠赤子情難忍，奔競朱門眼倦開，甘心兒不染炎涼態。自古道貧而無諂，義不存財。

【十四煞】見尊官陪小心，入公門怎放懷，烏紗緊按忙搊帶。竦身疾走還嫌慢，對面低頭不敢擡，壓簷石離不了雙膝蓋。那怕他淋漓風雨，也子索跪倒塵埃。

【十三煞】帶銅鈴馬上馳，提鐵繩部下來，城狐社鼠真無賴！一箇道稽遲糧餉齎飛票，一箇道緊急軍情奉火牌，閑言碎語須躭待。真心兒貪圖小利，謊話兒毆打公差。

【十二煞】官清氣不長，財多福自來，見如今顛倒觀成敗。奴顔婢膝終須貴，義膽忠肝反見猜。俺如今只落得丹心在。打叠起經綸手段，展放開風月情懷。

【十一煞】抱瑤琴彈袖低，插巖花壓帽歪。尋幽散步雲林外。攔迴緑水挑了坑塹，隔斷紅塵立了界牌，勿得相侵害。喜年年深耕淺種，願歲歲增福消災。

【十煞】迎神三上香，虔恭一字排，山童野老齊來拜。岔聲鑼鼓喧天響，美味村醪就地釃，當莊兒敬把牛王賽。俺這裏隨班行禮，不强如納陛升階。

【九煞】蜂屯散晚衙，鵶羣放早牌，山鳴谷應威名大。閃開皂蓋蒲葵扇，換却朝靴芒草鞋，吕公絛緊浄似鑴花帶。人都道清閑刺史，瀟灑蘭臺。

【八煞】又無牌票追，又無官長來，又無節年號件多黏帶，又無獄囚干係汪本干係作枉繫。擔驚怕，又無倉庫查盤費刮劃，又無凶荒水潦難徵派。俺不是承行接管，官吏當該。

【七煞】老太君近九十，老尊堂多半百，壽萱重茂光三代。祖孫空切陳情表，母子遥懸陟屺懷，到如今謝天謝地全恩愛。喜孜孜承顔旦夕，笑吟吟戲綵庭階。

【六煞】弟兄友愛情，親朋契闊懷，東隣西舍相陪待。從今但説陰晴話，此後惟愁水旱災，再不提世路多毒害。盡都是一場瞎原本作杳，茲從汪本。帳，滿口胡柴。

【五煞】南州有故交，東君無俗客，時時下榻相親愛。常餘雞黍供佳會，剩有鶯花破悶懷，小園旋摘時新菜。一茶一飯，閑往閑來。

【四煞】也不説胸藏萬丈虹，也不想腰懸三尺白，課耕教子功勞大。也不求世上千鍾禄，也不羨牀頭萬貫財，但願年年歲歲人常在。受用些粗衣淡飯，準備些細米乾柴。

【三煞】唤青衣花滿簪，倩紅裙酒滿釃，剛纔破了官箴戒。時興麗曲傾心聽，適意新詩信口來，狂歌痛飲真豪邁。相伴着花仙酒聖，説甚麽閬苑蓬萊。

【二煞】清風到碧梧，斜陽下緑槐，千山列嶂烟横黛。幽窗正與雲門對，别業遥連地鏡開，寒流一縷拖裙帶。想前朝鴉盤寶髻，鳳插金釵。

【一煞】龍池百代清，牛山萬古哀，笑當時登覽心無奈。三千珠履英雄盡，十二山河霸業衰，龍争虎鬥人何在？你看那王侯高冢，都做了蔓草荒臺。

【尾】山林識趣高，功名局面窄。放歌古調烟霞外，誰會把白雪陽春下註兒解？

正宫端正好　邑齋初度自述

北宫詞紀題作淶邑初度自述。

余始試邑於淶，重以禄不逮親爲永憾。不攜家累，衹一童自隨。杪秋初度，壺漿奠獻之餘，舉觴致語，自祝心切；感慕不釋，命筆填詞，至三煞，潸然淚下不可止。童竊覘之，後傳於山中，只謂思鄉然耳。外人每歲物色余初度日，竟不能得；詞亦不以示人。

不圖名，非干禄，無心也待價而沽。只因趕上紅塵路，此地逢初度。

【滾繡毬】俺本是漢高陽舊酒徒，魯諸生小架局，遈粗豪風流人物，欠磨礱狂簡迂儒。幾曾誇俺德能？也難攀彼丈夫；更不出三門四户，單守着者也之乎。眼見的争名奪利眉兒先皺，耳聽着受職爲官膽兒便虚，俺子當似有如無。

【脱布衫】想黄花三逕香鋪，望白雲千里光浮。遠迢迢家山何處？悶懨懨此情無據。

【小梁州】俺子索獨對秋燈賦索居，展轉躊躕。便做了三槐九棘待何如？無情緒，枉自受拘束。

【幺篇】上琴堂端坐如泥塑，下廳堦尺步繩趨。倉庫經，循環簿，那里也知新温故，曉夜念文書。

【上小樓】酸甜辣苦，中心難訴，辦的是卷案招詳，錢穀刑名，笞杖流徒。親也無，朋也無，誰行扶助？斷送的這壁廂走投無路。

【幺篇】升早堂夜未闌，放午衙日已晡；酩子里忘了生時，躭了歲月，錯了機謀。形也孤，影也孤，誰行看覷？却不道細思量有何緣故。汪本無小梁州、幺篇、上小樓、幺篇四曲，北宮詞紀同。

【滿庭芳】天涯間阻，秋光冷淡，夜色蕭疎。臥看牛渚空延佇，情景誰北宮詞紀作難。俱？撇下俺錦胡同真仙洞府，玉闌干方丈蓬壺。空孤負，鶯歌燕舞，檀板繡氍毹。

【朝天子】水連天碧湖，草含烟緑蒲，家住在名山處。天然一幅輞川圖，滿眼皆詩句。畫舫移風，紅裙染露，翠波中聞笑語。紫霞觴滿浮，玉壺春有無，只喫到青山暮。

【耍孩兒】年年此日神仙聚，都來會烟霞洞主。相傳王母宴蟠桃，争似俺竹裏行廚。來時共折瑶華贈，醉後還憑彩袖扶。獻一卷脩真賦，琅函錦字，玉簡金書。

【六煞】往常時開壽筵，到如今入宦途，官箴謹守遵侯度。朝廷有道追呼少，門第無私來往疎，爲民爲國非干譽。赤緊的君恩未報，民命難蘇。

【五煞】省刑罰當放生，理沉冤替念佛，丹心願受長生籙。排衙奏罷三通鼓，畫戟粧成五福圖，官僚左右相扶助。衣冠濟楚，禮度閑熟。

【四煞】公堂半載忙，私衙一事無，閉門猶恐人知悟。凄清單父琴三弄，酩酊彭澤酒一壺，也權充作樂陳樽俎。自釃呵自飲，誰勸也誰扶。

【三煞】愧不及跪乳羔，恨不如返哺烏，雙親永感悲風木。香飄寶篆無人見，酒滴茅沙有淚俱，紙灰飛北宮詞紀無飛字。起歸何處？擺列着三牲五鼎，止不住短嘆長吁。

【二煞】念平生手足親，耐尋常骨肉疎，天南地北多岐路。長空萬里衡陽雁，尺素千金湘水魚，何時固結連枝樹？每逢佳節，遍插茱萸。

【一煞】俺那里霜前紫蟹肥，床頭白酒熟，正期着秋飽家家富。胡歌野叫村田樂，樵父漁翁慶壽圖，來來往往諸親故。到晚來安排燈火，和睦宗族。

【煞尾】康寧福自生，清閑樂有餘。俺如今江湖廊廟隨時遇，抄本作過，北宮詞紀同刻本。博得這兩字平安萬事足。

雙調新水令　訪沈青門乞畫

青門之名，余耳之舊矣。壬戌早春，歷城邂逅，西館燕嬉，時余猶書生也。余今以曠官赴調，復得周旋談笑京邸間，因乞作畫。有感昔遊，情不能默。青門藝苑博雅，兼善北譜，故以投之。

數年前遊冶秀春樓，正花時綠肥紅瘦。新詞挑玉質，香醑寫金甌。意氣相投，一見寸心透。

【駐馬聽】五岳遨遊，山水都歸摩詰手；兩都馳驟，文章直與馬班儔。向來三載客燕州，幾番曾憶東山否？尚兀自抱箜篌，花開花落人依舊。

【雁兒落】俺子怕胸填宋玉愁，料應他眉鎖西施皺。不北宮詞紀作誰。承望衣憐范叔寒，只落的帶覺休文瘦。

【得勝令】呀，怎不上仲宣樓？也不駕剡溪舟？冷落殺顔回巷，蒙茸了原憲裘。望千里滄州，笑南渡新學究；種五色瓜疇，羨東陵故國侯。

【水仙子】青門地接鳳凰樓，緑水波縈鸚鵡洲。朱英香泛麒麟囿，寫生綃，紀勝遊。一行書鐵畫銀鈎，一聯詩郊寒島瘦，一度曲評花判柳，一腔春醖藉風流。

【折桂令】一腔春醖藉風流，不入山林，不事王侯。過一橋又一橋遠市離塵，訪一回又一回潛踪隱跡，遶一灣又一灣曲徑通幽。則今日倚玉樹步芳園齊開笑口，待何時上金山遊古寺共豁吟眸？雲樹綢繆，萍水飄流；渭北江東，楚尾吴頭。

【離亭宴歇指煞】故園此日花如繡，蘭舟北宮詞紀作臺蕩漾閑春晝，憑君卧遊。北宮詞紀無遊字。抹一帶海浮山，染一溪滄浪水，蘸一點雲門岫。幽人不出村，抱膝因何瘦？按圖寓眸。朗誦着北山文，乍醒了西堂夢，苦憶的東籬菊。繪松雪畫的汪本作作，北宮詞紀同。屛，題沈謝詩引首，願騎鶴更北宮詞紀無更字。上揚州。笑殺俺不知機待怎生，敢子是託原本、刻本作傳，兹從汪本。北宮詞紀同。芳名傳不朽。

仙吕點絳唇　改官謝恩

初解邑綏，臺章論以量才改邑，章下天曹覆奏。謹按臣敏疎簡不堪臨民，文雅猶足訓士。制曰可。遂攝鎮江教事。昧爽陛謝，喜而製此。既抵任，列職惟五，獨臣館與孔氏鄰，他館次第堂門之外。孔氏弘申，宣聖六十一代孫也。先固不知其人，况其居哉。由此觀之，聖恩天命，通一無二，知非偶合。天下樂後句，實亦不知其然而然。

拜命天朝，敬敷五教。興學校，輔翊唐堯，立天德行王道。

【混江龍】欽承明詔，縣郎官新改郡文學。前程萬里，仕路千條。常言道今日不知明日事，俺怎肯這山望見那山高？脱離了簿書期會，穰穰勞勞。樂得些英才教育，擺擺搖搖。再休提徒流笞杖，鬧鬧吵吵。單守着詩書禮樂，寂寂寥寥。子今日沐恩波海闊從魚躍，也是俺癡人有癡福，小可的無福也難消。

【油葫蘆】俺也曾宰制專城壓勢豪，性兒又喬，一心待鋤奸剔蠹惜民膏。誰承望忘身許國非時調，奉公守法成虚套。没天兒惹了一場，平地裏閃了一交。淡呵呵冷被時人笑，堪笑這割雞者用牛刀。

【天下樂】俺也曾手把絲綸掣六鰲，漁樵，氣韻高。俺也曾醉上蓬萊看八表，駕滄溟眼界空，登泰岳衆山小；緊靠着孔孟宅鄰舍好。

【那吒令】七八歲勉學，淡齏鹽一瓢。二千里枉勞，路途債九遭。四十年苦熬，冷板凳兩條。世不愁文運衰，生不怕窮星照，打精神再把書教。

【鵲踏枝】聖天子重英豪，四海内集時髦。則您這宰輔公卿，都是俺功績勳勞。雖是俺文章欠好，索强如立草爲標。

【寄生草】非是俺功名鈍，分福薄，盈虚消長天之道；榮華富貴人之好，清貧冷淡吾之樂。子俺這孤燈耿耿照書齋，一任他諸公衮衮登廊廟。

【幺篇】尊經閣凌雲漢，明倫堂跨赤霄。詩書子史窮玄奥，君臣父子全忠孝，齊家治國諳經略；蘇湖德業重真儒，唐虞聖化存吾道。

【後庭花】若不是那年時擔懊惱，怎博得這其間能凑巧。且休提夕貶潮陽路，子俺這謫黄州聲價好。恰上任立科條，幸遇着文衡文衡考校；舊題目撞了箇着，老文章記的牢。唱名時取的高，賞呈文紙一刀，筆三枝五彩毫。半截紅纏滿腰，插雙花上馬嬌，共生徒撒了一遭。

【青歌兒】呀，方顯俺書生書生榮耀，不枉了平生平生才調。雖不得萬里封侯建羽旄，子俺這燕頷班超，食肉丰標，二八元宵，十月之交，鄉飲嘉殽，祭品盈庖，親友招邀，兒女支銷。又子怕清白門第富而驕，未若貧而樂。

【賺尾】謹保守舊家聲，便看做無價寶。赤緊的脚跟兒立地實着，世世清名答聖朝。甚的是富貴崇高，冷瀟瀟，不染塵囂，儘有些暮史朝經道義交。再不讀律條，誓不追糧草，罄丹心迎官接詔睦同僚。

南吕一枝花　贈許石城

北宮詞紀題作贈許奉常石城。

丙寅春，余以移官京口，參謁留臺，過訪奉常許石翁。夜話亹亹，論及聲律。凌晨趨伺官府，卓午弗得見。卜肆借筆，爲填一闋，草具求正。而翁業已先遣童子折簡索贈，不知余所往。翌日，復詣官府，又弗得見。即肆中題姚園十八景，付之秋澗，亦初稿也。概不是正，顧輕許可，何耶？

跡雖羈霄壤間，心直在羲皇上。客常來談藝圃，塵不到草玄堂。二十年晝錦還鄉，居帝里山河壯，荷皇圖氣運昌。且休提仰泰山北斗齊名，單只看震春雷南宮放榜。

【梁州】想當時冠羣英賢科第一，到如今抱孤貞國士無雙，老山濤到底留清望。空自秉松筠節操，更不開桃李門牆。玩一會蜉蝣世界，笑一棚傀儡排場。起甲第休看做許史金張，論詞華並不數盧駱王楊。有時節千仞岡高整雲衣，有時節七里灘輕移雪舫，有時節百花叢痛飲霞觴。也不索比量，短長，閑忉騷不閣在咱心上。仰聖君託賢相，四海昇平振紀綱，醉也何妨。

【尾】望滄海汪本作江，北宮詞紀同。萬頃瓊瑶漾，遶鍾阜千峯繡幙張，這佳水佳山足吟賞。任烏兔且忙，幸身軀儘康，看庭前春草年年長。

雙調新水令　題市隱園十八景北宮詞紀題作題姚秋澗市隱園時姚改南容臺。

始余客上京，得內交市隱主人。主人方致身清班，刻本作斑顧未嘗忘市隱園也。乃以緗帙標十八景，彙諸名家題詠數千百言。示余徵詞，以備一體。余笑而應之曰：「主人以十八景示余，余卧遊乎，余夢遊乎，余恐詞之支離而無當也。」主人既得請改南曹，廊廟江湖，一旦合并矣。乃余以謫至南徐，乘興詣白門，輒馳入園中，歷撫十八景，從而賦詠，用賞夙託；復請主人稍更其額曰：仕隱。

彩原缺，今據北宮詞紀補。鸞飛詔下丹霄，滿園中萬花歡笑。新恩辭北闕，舊隱改南曹。銜一味清高，占盡了世間樂。

【駐馬聽】露浥蘭皐，步惹幽香濕錦袍；風生芸閣，聲隨流水響金鑣。依然束帶立於朝，一般走馬長安道。這其間無限好，樂田園俯仰登廊廟。

【雁兒落】俺子見玉林抽鳳尾搖，茶泉煮龍團鬪。春雨畦歲歲收，海月樓年年照。

【得勝令】呀，俺子見串鶴逕午烟銷，剪鷗波晚風飄，閑揮灑鵝羣閣，慢行吟浮玉橋。歸雲洞新鑿，開頂上通天竅。洗硯磯清標，見池中有鳳毛。

【水仙子】中林堂美景一週遭，容與臺平臨四望遥。觀生處勘破千年調，柳浪堤春意好，芙蓉館絕勝江皐。借眠菴黑甜一覺，思玄室丹心未了，秋影亭黃葉飄飄。

【折桂令】有時節上吟壇滿座風騷，句句評駁，字字推敲。歌太平韶護之音，聚耆英山川之秀，傲王侯湖海之豪。論才華也不亞金鑾視草，愛清閑又何妨玉珮趨朝。混迹漁樵，懶出城郊，際鐘陵萬代昌期，聽長江千里春濤。

【離亭宴歇指煞】雲深怕近紅塵道，日高懶（汪本作慵，北宮詞紀同）。整烏紗帽。憶當時六朝，鬥富貴金谷園，弄詞藻華林宴，嘆埋没銅駝草。爭似這座中小洞天，眼底真蓬島，又何須解嘲。也不勒北山文，也不攜東山妓，也不隱南山豹。浮沉金馬門，出入石渠閣，有時把溪上清言念幾條。謝皇恩吏隱兼，慶仙園遭際好。秋澗輯古人玉壺冰數種，彙爲一書，名曰溪上清言。

雙調新水令　留別邢雉山

北宫詞紀題作金陵留别邢雉山太史。

僕垂髫隨宦，皓首重來，慨舊識之無多，樂新知之畢聚。傾蓋言志，擊節賞音。華燈與雪月交輝，笑語共笙歌雜沸。於是督郵入郡，迅鞅載途；惟奔命之不遑，悵良宵之易曙。塵容俗狀，抑又甚焉。翹首寄聲，聊復爾耳。

憶金陵佳麗帝王州，四十年感時懷舊。看山光洩不盡天地靈，聽江聲流不斷古今愁。單只爲四海交遊，霎時間同氣相求，誰承望利名韁緊拖逗。

【駐馬聽】鳳舞麟遊，雙闕重城十二樓；龍争虎鬥，六朝三國幾千秋。明時閑却濟川舟，良宵兜起談天口。全不減晋風流，賞心樂事般般有。

【沉醉東風】則今日伴漁樵青山緑藪，想當時侍君王紫閣彤樓。那其間常懸捧日心，這答兒且褪拏雲手。趁清朝急早抽頭，白玉堂中第一流，權做箇没是非清心道友。

【雁兒落】丞相呵不住的施毒手，學士呵蹬脱了牢籠彀。方顯的樂閑人有下梢，一任他使計的乾生受。

【得勝令】呀，準備着打魚舟，收拾了釣鰲鈎。邀夜月芙蓉帳，醉春風歌管樓。暢好是優游，再不待金門漏，也忒煞清幽，勝强如玉殿秋。

【川撥棹】俺這裏恰凝眸，一萬縷秦淮橋畔柳。俺子見雲水悠悠，風竹颼颼，静巉巉深巷景幽，躲過了長安官路口。

【七弟兄】識時的袖手，得便也掉頭。笑宦海等浮漚，只落的對人不把雙眉皺。放懷消盡一腔愁，可真是悟真直撞三關透。

【梅花酒】俺從來好遠遊，恰又到皇州，正日暖風柔，聽麗曲清謳。明晃晃花燈照綵樓，聲細細玉管間箜篌。客難留，席不收，您畫堂中儘消受，俺紅塵中枉馳驟；您三五輩探春遊，俺一千里抱官囚。您常則是傲王侯，俺不能勾訪丹丘：喒這些兒不相投。

【收江南】呀，把似您功成名就百無求，量俺這一官半職甚來由，枉費了玉堂學士好相留。望車塵疾走，俺可甚一心分破帝王憂。

【尾聲】靈臺早晚題章奏，德星今日躔奎宿。俺這裏共春風滿樓：擅詞藻探花郎，慕清議登龍客，樂恬曠談玄友；恰報到四路諸侯，好共歹難喫受。謝學士把盞相酬，直不上半張紙的功名，誂的我心提在口。

黄鍾醉花陰　酬金白嶼　北宮詞紀題作姚秋澗園讌集酬金白嶼。

秋澗雅招，春園好會，得白嶼之老友，聆黄鍾之希聲。賓主懽歡，溪山改色；恨相知之既晚，計信宿之無繇。别路匆匆，睠言脈脈。兹者瑶函韜以南昌，清響偪乎東泠。無言弗酬，倡予和汝，即工拙不論也。

奎璧連珠現光彩，四下裏祥煙瑞藹。芸閣静玳筵開，雪鬢霜髯，滿座上高談客。和氣動暖風來，這的是一刻千金何處買。

【喜遷鶯】自古道青春難再，喜相逢笑口齊開。英才，廝輳着五湖四海。也有那聖世衣冠伴着草萊，醉披襟斜岸幘。一箇箇周情孔思，一箇箇道骨仙胎。

【出隊子】一箇箇英雄豪邁，縱風情滿壯懷。文光萬丈貫三臺，氣岸孤高壓九垓，聲價千鈞重四海。

【幺篇】數算了金陵詞派，傲梨園蕭爽齋。清歌麗曲寫胸懷，識譜明腔稱體裁，换羽移宫諳韻格。

【刮地風】子聽的江左周郎大喝采，不由俺雙手兒齊拍。見了他一字字堪人愛，一聲聲音吕和諧，一句句六朝感慨，一篇篇千古興衰。慣評花閒判柳十里樓臺，問功名佯不睬，每日價放浪形骸。猛可的遇知音敢子是情無奈，他道俺乍相交何處來？

【四門子】他敢是早年間出落在紅塵外，做了箇散誕仙風月客。撒一會奸，賣一會乖，覷高官大爵怎介懷；撒一會津，賣一會獃，見不上學鸞撇奋。

【古水仙子】他他他繡筵前没刮劃，俺俺俺見面生情暗裏猜。是是是筆陣裏馳名，敢敢敢吟壇上出色。想想想料應是揚子宅，箇箇箇並着肩促膝相挨。談談談玄的玄白的白，悄悄悄俺心中汪本無中字生疑怪，呀呀呀見放着盛世翰林才。

【尾聲】有一日拖着條吕公拐，遊遍了雁蕩天台。滿拚着七日山中，抵浮生千萬載。

黄鍾醉花陰　仰高亭中自壽

北宫詞紀注：亭在潤州學舍。

半生酷愛山水間，齊南有别墅二，皆名勝之區，每去城市，恒居其中。暨薄遊四方，亦得佳山水處。洓水抱西山之秀，京口擅金焦之美，出處之間，不可謂不遇也。草亭初成，欣然命酌；日精月華，金焦北固，諸峯羅列几席，自謂賢於食前方丈遠矣。遂歌黄鍾之宫，邀名山以自壽。

細雨輕風淡烟裊，又一帶山圍水遶。搬日月滚江濤，地闊天高，越顯的幽亭小。超北固跨金焦，便做道閬苑蓬萊也只是山水好。

【喜遷鶯】正值着清秋天道，數重陽屈指非遥；登高，咫尺内青山翠島。見放着日月精華龍虎朝，轉頭來遊翫了。一壁廂丹山起鳳，一壁廂赤水騰蛟。

【出隊子】這的是幽居堪樂，冷齋邊山可樵。新苫小巧草團標，旋壘高低流水橋，消遣時光花共鳥。

【刮地風】把多少韶華攛斷了，俺子待撫景逍遥。想人生也有個千年調，怎做的方朔偷桃，笑神仙計拙心勞。是掏摸犯法違條，總不如守清真不染分毫。傲乾坤長壽考，行動處水米無交。爲甚麽懶參禪慵學道，敢子是老先生頓悟高？

【四門子】小亭中説原本作該，刻本同。不盡其中妙，喜的是氣韻清風致好。黄菊兒開，紅葉兒嬌，銜一味天香桂子飄。酒盞兒擎，詩句兒敲，獨自個稱觴頌禱。

【古水仙子】當當當雲板敲，是是是空外仙音奏九韶。謝謝謝天地三光，請請請文房四寶，來來來緊隨身齠齔交，看看看掃雲烟展紙揮毫。勸勸勸楮先生滿席都醉飽，慶慶慶遇良辰四友齊歡樂，年年年常伴着老風騷。

【尾聲】仰高亭無一點紅塵到，也不惹酒聖詩豪，子俺這筆硯琴書，一壁厢中舊好。

中吕粉蝶兒　五嶽游囊雜詠

北宫詞紀題作詠焦山郭次甫五嶽游囊六物。

往於燕市識五遊山人，既而不復恒見，蓋嘗慕其果於離塵絶俗者。邇登焦山，見山人行窩在焉。訊之僧，則曰頃向岱岳去，不久當還此。閲月，山人果還，輒過書齋，相與話塵外事；且得玩弄游囊六物，及自題雜詠六絶句。余亦以六絶句和之。山人稱善，從而歌焉，弗諳於律，山人曰：「子能轉爲新聲乎？」余曰唯唯，作中吕。

郭山人名第，字次甫，吴人也，亦號獨往生，善古詩。六物者：五岳真形圖、杖、衲、瓢、鋤、觚。

五嶽遨遊，滿乾坤一腔靈秀，擅江湖千古風流。覽恒山，連泰華，祝融神岫。不多時回到中州，早又是效嵩高望天祝壽。

【醉春風】萬萬歲再山呼，感皇恩三叩首。俺是箇天朝作養一閒人，遥到處走，走。俺是箇草莽之臣，烟霞之侣，神仙之胄。

【紅綉鞋】四海内漁樵爲偶，三教中道釋同流，這的是唐虞聖世有巢由。也没那高官勢，也没那小民憂；相伴着木石居麋鹿友。

【普天樂】一江清，三山秀；白蘋渡口，紅蓼灘頭。深棲學卧龍，遠舉依靈鷲，漢焦光遁迹還如舊。道高一世，名垂萬古，洞隱千秋。

【脱布衫】煉丹臺彈壓江流，瘞鶴銘湮没滄洲。羅漢岩天長地久，桃花塢緑肥紅瘦。

【小梁州】見了些洗古磨今水上漚，抵多少飄瓦虚舟。分明世事等蜉蝣，閒窮究，人我海浪悠悠。

【幺】雙飛烏兔搬昏晝，手摩天欲挽難留。没事忙，空迤逗；自鴻濛以後，日西下水東流。

【上小樓】想起那陰陽未剖，無聲無臭。俺子索妙契天機，静與天居，動與天遊。因此上覽九州、遍八陬，把興亡看透，端的是好山川古今依舊。

【幺】投至得繞葱嶺轉山腰，敢又早向桃源尋洞口。見了些雁蕩天台、碣石龍門、三島十洲。有時節泛槎遊，入斗牛，浮沉宇宙，抵多少利名場黄昏清晝？

【滿庭芳】做一箇烟波釣叟，瀟瀟灑灑，蕩蕩悠悠。水清不怕魚兒瘦，俺子待樂以忘憂。也不羨嚴陵貴友，也不羨渭水封侯。醉把漁船扣，高歌送酒，響遏碧雲流。

【耍孩兒】天風飄起雙袍袖，結束了游囊在手。腰纏跨鶴上揚州，争似俺幾件兒清脩。一元和氣懷中抱，五岳真形掌上收。漢皇再拜親承受，東方朔謹請，西王母傳留。

【五煞】杖呀，涉滄浪擔在肩，上青山拄過頭，穿雲步月多生受。一條寒玉扶攜便，九節枯藤摩弄熟，又子怕葛陂水底蛟龍鬥。百錢高掛，萬里閒遊。

【四煞】衲呀，也休誇奪錦袍，也休提集翠裘，粗針大線天生舊。千山熬煉霜和雪，百歲消磨春復秋，夏凉冬暖迎風鬥。到晚來蒲團高卧，權當做布被蒙頭。

【三煞】瓢呵，太極分兩儀，空同涵萬有，從來濩落難求售。單守着門清似水居顔巷，休靠那樹大招風惱許由。歸來飽飯黄昏後，曲肱而枕，鼓腹而遊。

【二煞】鋤呵，明晃晃月上弦，曲彎彎玉作鈎，快生生百鍊鋼磨就。閒刨石髓和雲煮，細斸山精帶露收，藥籃兒挑起香風透。伴劉晨阮肇，訪閬苑蓬丘。

【煞】瓢呵，形從三代前，名傳千載久，曾隨瑚璉陳籩豆。雖然不做模棱樣，却也難將圭角留，醉翁之意誰參透？賽金盃玉斝，勝瓦鉢瓷甌。

【尾】悠悠獨往生，年年方外走。閒看世事多非舊，只落的五岳遊囊件件兒有。

雙調新水令　壽馬南江　北宮詞紀題作七夕壽馬令尹南江。

南江舊尹，早負才名。北海狂儒，晚承契執。適於七月登七秩之壽，猥以一言罄一日之懽。非詩非賦，居然几席少文；有聲有辭，莞爾絃歌在聽。調非寡和，坐有知音。

碧梧金井報新秋，正暑退涼生時候。筵招滄海月，杯引大江流。織女牽牛，共祝長生壽。

【駐馬聽】銀漢雲收，貝闕天開碧玉樓；琅璈樂奏，水晶簾控紫金鈎。羣仙隊隊汪本作安期子晉，北宮詞紀同。下丹丘，青鸞白鹿驂前後。望虛空遥拜手，老人星現朝南斗。

【雁兒落】惜朱顏有去留，守丹竈無昏晝。銷磨了報國心，拂破了歸山袖。

【得勝令】富貴浪中舟，功名水上漚。才大難爲用，時來不自由。周流，歲月閒消受；交遊，英雄儘唱酬。

【沉醉東風】杏花村呼來美酒，桃葉渡棹入扁舟。人間快活仙，林下風狂叟。掛冠來不事王侯，踪跡難尋境最幽，單認着門前五柳。

【折桂令】細追尋六代風流，高興狂歌，雅志清修。字擬鍾王，詩宗陶謝，賦準曹劉。古稀年從容到手，太平世安穩藏頭。醉卧林丘，嘯傲滄洲，散誕逍遥，泮涣優游。

【水仙子】也曾對西風獨上仲宣樓，也曾乘皓月同登（登字原缺，據北宫詞紀補。）郭泰舟；也曾卧斜陽爛醉劉伶酒，也曾和騷人賦遠遊；也曾度函關穩跨青牛，也曾綰銅章三番結綬；也曾散朝班雙鳧回首，也曾事先皇百里封侯。

【清江引】暑往寒來春復秋，就裏閒窮究。幾見百年人？浪説千年壽，老詩翁端的到九十九。

雙調新水令　又仰高亭自壽

三年謫宦，兩度稱觴。中間爲萬里之遊，居常談虎；畢竟挾五湖之興，慕在飛鴻。雖偃蹇於江城，亦優閑於林屋。安隨所遇，樂得其常，吾所以自壽每如此。

憶前年自壽仰高亭，歎滇雲去秋奔命。今朝沽酒處，依舊小山青。身外浮名，浪迹何時定？

【駐馬聽】白首窮經，官舍凄涼老客卿；青氈聽命，江天寂歷少微星。西風又起故園情，南樓忽動新詩興。拚酩酊，休將往事重思省。

【雁兒落】好回來萬里程，端的是三生幸。心不關杜甫愁，身不惹相如病。

【得勝令】無日不閒情，隨處是前程。詩得江山助，文兼吏隱名。昇平，際聖世朝綱正。長生，羨幽人道氣清。

【川撥棹】呀，俺這裏謾消停，到處裏安然尋聖境。俺可也性體虚靈，耳目聰明，心志精誠，節操堅貞。守定了黄庭内景，向崑崙頂上行。

【七弟兄】一會家細評，此生、也非輕。出風塵改不了烟霞性，在江湖毁不了鷺鷗盟，傲乾坤阻不了山林興。

【梅花酒】正江南秋色澄，恰丹桂流馨，又黄菊舒英。酒淋漓香不斷，花爛漫笑相迎，愛青山傍草亭。俺子索剪鮮蔬煮香羹，汲甘泉試茶經，依古調按元聲，换新詞祝遐齡。

【收江南】呀，謫仙人三載到江城，煉丹臺千里隔蓬瀛，笑蠅頭蝸角一身輕。對良辰美景，正秋來萬寶慶西城。

余以乙丑冬客潤州，丙寅作仰高亭於尊經閣之北，舊膳堂遺址也。雙柏蒼老，對植左右，不知幾何年矣。亭少東爲日精山，峙于周垣之内；其後爲北固山，郡堞倚以爲雄；近西爲月華山，亦峙城中，而日精特爲秀異，長松干雲，佳氣葱蒨。時一登眺，則金焦大江之勝，在目中矣。丙寅之秋，自壽于亭中。丁卯應滇闈之聘，其日方燕集黔國，亦歌鹿鳴之詩，余未之有述也。今秋初度，復坐此亭，頹然獨酌，忽憶畏途，爲之動容，并州故鄉之意，固所安心耳矣。若夫左扶桑，右泰岱，嵩沂角其前，渤海帶其後，藐然中處，則有此景亭在焉。他年自壽，不厭煩復者此也。

南呂一枝花　題丹元樓

宗藩誠軒翁。北宮詞紀題作題丹元樓贈誠軒宗藩。

外史氏曰：吾嘗語於人人，誠軒翁則賢孝君也。被服祖訓，性行麟慈，黼黻皇猷，文藻彪煥。曩事端惠王，備極愛慤，無間朝昏，亹亹翼翼，盍無異於賢士大夫。厥惟終事，必成必信，情文交罄，據禮考俗，巨纖畢集；哀怛之容，悲慘之聲，觀者感動。匍匐稽顙，以謝臨客。客弗敢當，弗變也。即遠之日，環登城陴，擗踊奔號，攀籲無從。執紼之人，還望流涕者以千計。嗚呼！即古之賢士大夫，曷以過焉，而況於邦君者哉。既禫而冕，乃歷臺登樓，拜手稽首，跽祝萬壽。北面拱極，西向瞻雲，前依宗國，左埒頖宮，兹樓臺之大觀也。猥以譾劣，抽毫填詞，遂傳懿美，將使陳詩觀風者采述焉。其詞曰：

常懸捧日心，少慰瞻雲憾。去天欣尺五，入洞喜函三。叢桂毵毵，裊瑞靄北宮詞紀作藹。香風淡，沐恩光玉露湛。倚南山紫翠千重，俯北海烟波一覽。

【梁州】環眺望雕楹繡檻，荷帡幪珠履瓊簪，簪牙炳耀金珠紺。窗啣旭日，簾捲北宮詞紀作抱。晴嵐，奇葩爛漫，怪石巉巖。幕亭臺四面蒼杉，染池塘半畝柔藍。喜修心兀坐端居，好藏書兼收並攬，愛寅賓闊論高談。忠肝，義膽，瞻天戀闕寧辭暫。仰精誠、佩昭鑒，卓行芳名播斗南，寵賚瑶函。

【尾】旌賢寶善勤原本作厪，兹從北宮詞紀。推勘，勑使觀風幾駐驂，指日傳宣聖恩湛。犒北宮詞紀作稿。黄封味甘，宴丹元飲酣，賀當今大孝尊親萬民感。

南呂一枝花　送賈封君約翁南還 北宮詞紀題作送賈封君約菴來遊上谷南還。

約菴翁來遊上谷郡，深居燕閒之室，不與物接，泊如也。居無何，遽命駕歸山中，恐人之知，秘其行色，無所於訊。余竊以微意偵得之。私念曰：翁之行不使人知，其自處得之矣。余辱通家後進，闕於言別，獨胡能爲情哉！乃拂紙吮毫，作長短句，託之近調。時天高風急，浩然放歌，聲迫霄漢，自謂頗壯行色。翁其與進否耶？

人間福德全，洛下耆英舊。丹心瞻上國，白首望中州。一雁横秋，雨洗燕山岫，霜清易水流。恰東籬勸插黄花，又南浦催斟緑酒。

【梁州】趁迤邐長亭官柳，儘逍遥短劍輕裘，離歌妙轉清商奏。征雲冉冉，歸馬悠悠，懸情伊闕，寄興嵩丘。老弟兄同氣相投，小兒孫奕世承休。笑談間引滿霞觴，峥嶸處踏開月窟，發達時撞破烟樓。不求、自由，百年晚景閑消受。慶團圓、喜成就，傲盡朱門萬户侯，泮涣優游。

【尾】一家獨擅乾坤秀，一世安然福禄優，笑向烟霞尋故友。竹林下宴遊，草堂北宫詞紀作亭。中唱酬，覷了那利鎖名韁怕沾手。

仙吕點絳唇　郡廳自壽

己巳菊月，余至保郡，越半年矣。每念桑梓在東齊，而余又西來；余弟治江南，而姪領北縣。或遠或近，均莫之聚也，恒切憶之。是歲燕趙齊楚大水傷稼，而吾家僉有貢賦之職，不易報塞，更相念也。自筮仕壬戌歲，初度皆有述，在郡無與偶者，乃賦此以自廣。

甲子將周，壯懷依舊。人長壽，知命無憂，五十今增九。

【混江龍】等待的黎明時候，俺子索雞鳴而起早梳頭。可正是高秋屬序，朔旦焚脩。投至得文廟行香先報本，瞻拜了城隍土地祝神休。衆官僚升堂公座，唱一聲擊鼓排衙。兩邊廂分班伺候，各衙裏人馬平安。子俺這黄堂佐職欽除授，統領着三州刺史，兼管着十七諸侯。

【油葫蘆】序立着官吏師生齊拜手，衆鄉耆謹叩頭。俺子索采民風詢民瘼解民憂，修德弭天災，黎庶無逃走。蠲税感皇恩，老幼長相守。只愁政不行，那怕歲不收。不移時德意溥仁風透，端的是和氣滿神州。

【天下樂】俺子見聖旨傳宣五鳳樓，漂流，百姓每愁。衆臣工急將德政修，盡安民一點心，釋官家萬里憂，喫緊的救幽燕十六州。

【那吒令】愛民心已周，遇荒年不愁。敬天心已投，致中和有由，報君心已酬。望神京稽首，答謝了聖主恩，祝贊了皇王壽，保山河萬載千秋。

【鵲踏枝】消繳了小民愁，分破了帝王憂。宰相每燮理陰陽，不枉了黼黻皇猷。方顯的功名不朽，這其間與國同休。

【寄生草】正值着三秋節，喜孜孜不自由，小臣深感天恩厚。短歌輕轉清商奏，老夫私祝喬松壽。自家悲喜自家知，尋常甘苦尋常受。

【幺】呀，悄無人相過訪，又無人共唱酬。天邊幾點丹霞秀，堦前數朵黄花瘦，眼中千載青山舊。半牀書史浄無塵，一簾風日閒清晝。

【六幺序】嘆骨肉三千里，望雲山十二樓。那裏也拜家園數畝松楸。念功名泛梗浮漚，覷人情飄瓦虚舟。那裏也兄弟相求，子姪從遊，詩酒交酬，笑語綢繆。望不斷斜陽衰柳，掛離懷天際頭。

【幺】呀，四下裏凝眸，那答兒消憂？恰便似宋玉悲秋、王粲登樓、司馬淹留、杜甫窮愁。望不見知心故友，這其間誰與儔？只落得鴻雁啾啾，風氣颼颼，歲月悠悠，良士休休，一弄兒冷淡清脩。乞求的無榮無辱無卑陋，到大來不忝儒流，只願的平安兩字常相守。一壁廂天官賜福，一壁廂海屋添籌。

【賺煞】想吾生豈偶然，把今古閒窮究。到大來天長地久，看了些千載英雄冠九流。感明時夢見伊周，荷天休，上下交修。乞求的爲民爲國躋仁壽，望年年有秋，願家家好收，這的是微軀此外復何求？

雙調新水令　庚午春試筆 北宫詞紀題作六十新春述懷。

余生於正德辛未，今六十年矣。鳳曆初頒，恭閲一過，余歲侈然冠於干支之首，未嘗不廢册而歎也。自去秋出城，毒霧淫於五内，醫慎宣洩，遂嬰腦疾。雖勉慕微禄，時時强起，然風寒易薄，勤力不任，從此矣。獻歲有將迎之役，返而伏枕，饔飧藥餌，自念無聊之甚，乃浩然憶山中也。呼兒近榻，索片紙試筆云。

從今花甲一周遭，可又早六旬來到。生辰非將相，賦質本漁樵。誤脱藍袍，换頭角改時調。

【駐馬聽】仰荷清朝，七載三遷歷郡曹；俯慙衰貌，一身千里困塵勞。染髭鬚蘸不上兩眉梢，怕風寒閉不了雙鼻竅。見如今難自保，待歸山便採長生藥。

【沉醉東風】走紅塵偏能易老，覷青山去也非遥。休勞七尺軀，妄想千年調。趁明時好做箇開交，一任頭顱長二毛，再不把煤烟暗掃。

【雁兒落】再不把拾來的擔子挑，再不把不哭的孩兒抱；再不替别人家瞎頂鋼，汪本作缸再不做現世的虚圈套。

【得勝令】俺本是白屋下老文學，怎做的黄堂上好官僚？聽斷呵生子怕虧了情法，擬罪呵又子怕差了律條。旱潦了田苗，怎下的惡狠狠追糧料？重併了差徭，誰能勾實丕丕戀土着。

【沽美酒】他他他生不聊，我我我怎貪饕？總不如兩袖清風歸去好。到山中落魄，拖竹杖住松巢。

【太平令】把世事通然丢窵，衠一味散誕逍遥。也不管青紅白皂，也不管高低强弱。我呵，還守俺草茅、土窑，一答兒打熬。呀，説甚的江湖廊廟？

【川撥棹】非是俺覓苦李漾甜桃，也子是歎吾生無汪本作不。耐老。看俺這曲脊蝦腰，手顫頭摇，言語刁騷，衣履鏖糟。行動處東趄西倒，一步低一脚高。

【七弟兄】一會家待學，老陶，儘孤高。傍東籬倚杖閒舒嘯，謝彭澤斗米怕折腰，伴南村野老開懷抱。

【梅花酒】顛狂歌託聖朝，恰過了元宵；又值着花朝，特地到芳郊；詩句向閑中得，酒價在杖頭挑。時雨過水平橋，香露滴藥生苗，龍潭浄海通潮，蟾影淡斗回杓。

【收江南】呀，試看了今年新曆好蹊蹺，蹊蹺二字原本缺，據刻本補。把俺這元辰本命細裁度。司天臺太史蘸霜毫，標題的倒好，這的是從頭再數聖明朝。

中呂粉蝶兒　辭署縣印

北宮詞紀題作郡丞命署縣印病中戲辭。

郡齋後室，病卧暖榻，遽然午夢未足，方在山中，曠若無營也。忽喧傳郡丞陳大夫到廳上，聲勢甚厲。余謝不任倒屣之罪，呼兒兒字原本缺，據刻本補。出，捧茗碗授之將命者，反命云：善視印在也。余聞之，股木彊、肌雞膚，慄慄若風雨驟至。兒問余寒乎？亟析薪，爐燃之，納榻底。余乃喜，附暖熟眠。暮而醒，竟不問印所在；徐聽無人聲，印出矣。

庚午流年，看了會子平書有些兒搖變，打了箇六壬時正撞着赤口留連。平白地一顆印，没來由丢在咱閒庭前院。子俺也曾被蛇纏，見了條爛井繩諕的我心驚肉顫。

【醉春風】那一箇傷天理害人精，狠心腸幹這樣繭？這繭兒没頭没緒亂絲纏，快送的他遠，遠。諕的我魄散在雲端，魂飛在天外，怎隄防這場兒災變？

【紅繡鞋】我和你是通家的門面，你和我往日又無冤，如何把俺死牽連？心窩上垛了一脚，腦門頭楔了幾拳，倚着你手脚兒强欺壓的軟。

【幺】俺本是山林中貧賤，伴不的臺閣上英賢，逃名躲利怕威權；芥子似心腸兒小，柳絨般氣力兒綿，掉着那筆尖兒可又早吁吁的喘。

【滿庭芳】俺可也學疎才淺，受了這一官半職，離不了斷簡殘編。雖然是管糧廳注定了天曹選，到頭來門第蕭然。午風微琴聲清遠，明月上鶴影蹁躚。取次銷前件，畢罷了簿書消遣，俺可也黄卷内對先賢。

【小梁州】移過那矮矮燈檠小榻前，良夜無眠。圖書舒捲玩先天，驅聞見，得意處每忘言。

【幺】雖不是太史編修院，起來時日轉花磚。案牘清，勾銷遍，縱有那行移黏卷，無經手的半文錢。

【上小樓】職業修須當黽勉，本分外何勞迷戀。你子待南去北來，後擁前遮，東扯西牽。把似你佐三邦，任貳府，還子待户封八縣；憑着這大才能，你可也烈烘烘施逞了一遍。

【幺】俺不慣當攬頭，休把俺向家裏捻；捻的俺立地無存，片甲無歸，疾走無邊。直走到東海沿，治水前，和俺那村莊家相見；感不盡老同僚好心兒方便。

【幺】便做道考察册開了逃，俺也是六十翁罷差遣。也不怕革職爲民，又不犯提問追贓，落得箇晚節成全。正遇着羊馬年，廣種田，多收些絲絹，俺子待按四季納錢糧也不署那親臨的州縣。

【鬥鵪鶉】這印呵你誇他墨綬銅章，俺覷着是撾錘鞭鐧。逢着的肉綻腰折，撞着的身酥骨軟。謊的我躡足潛踪閃在一邊，悄没聲不敢言。他自有那硬漢來擔當，可憐見俺小家兒權時告免。

【耍孩兒】起初時也做了箇喬知縣，只想把經綸大展。誰承望癡心枉使出頭船，顯不的快覩争先。饒他飲的醺醺醉，倒説俺爲官索酒錢。爲嘴食難分辯，俺子索拂衣而去，至如今閉口無言。

【幺】俺也曾循行阡陌中，徘徊里巷邊，農桑種植身親勸。長安大道千株柳，野店荒村萬畝烟。春日暖和風扇，誰承望甘棠起謗，至如今喬木含冤！

【幺】不甫能赴天曹改職銜，掌文衡謝糾纏，没來由帶管丹徒縣。來來往往成了仇恨，唧唧噥噥垛了業冤。有幾起屈枉事行咱辯，開一夥江洋巨盜，盡都是本縣的（汪本無的）字生員。

【尾】重來此郡中，安心守自然，從今再不去歪廝戰。你不將這印去呵，斷送我走上東山離的你遠。

黄鍾醉花陰　聽鐘有感

語云：鐘鳴漏盡，夜行不止。蓋古今通禁也。然往往有犯而不校者，無乃家給人足，外户不閉之時乎！春宵病卧東窗之下，月霽風恬，鐘聲清越，稍動天街散步之興，顧强起未能耳。命筆秉燭，漫填此詞，已復欹枕。默然省，惕然驚也，乃竟夕不成寐云。

短巷長街送車馬，黑鄧鄧飛塵亂撒。收晚景斂殘霞，數盡歸鴉。轉眼夕陽下，人困也馬行乏，只聽得鐘送黄昏一下一下的打。

【喜遷鶯】景陽樓高掛，韻清圓聲不沙，堪誇。響動了人人驚怕，恨不的疾走慌忙奔到家。鎖心猿拴意馬，快做箇抽身罷手，倒免得門口磨牙。

【出隊子】猛然聲岔，緊十八慢十八。街坊小户掩了籬笆，酒店茶房上了板搭，原本作達，兹從汪本。便是相府侯門早也拴閉殺。

【幺】疏鐘纔罷，聽梆聲怕怕他。這壁廂提鈴喝號的磣油花，那壁廂劄鋪巡風喬坐衙，擺列着把路攔街尖哨兒馬。

【刮地風】那一個消停半時霎，動不動就當賊拿。猪毛繩丢在膊兒上掛，齊向那冷鋪裏拖拉。正當門牌樓一架，獸頭房規模不大。窮蓼花，醜土巴，絮聒聒有些閒話。他道你發罷擂撞罷鐘到處行踏，這的是御街頭不是你房廊下，笑你個不知時大傻瓜。

【四門子】老婆婆提着名兒罵，夜深沉不到家。耳朵兒聾，眼睛兒花，問人呵討不的句真誠話；身子兒沉，手脚兒麻，一步兒剛挪的半扎。

【古水仙子】鼕鼕鼕鼓三撾，盼盼盼西望長安不見家。去去去有路兒難行，來來來是人兒須怕。悔悔悔悔從前意兒差，想想想想當初性兒撑達。聽聽聽定夜鐘一百單八下，休休休再休去打鼓弄琵琶。

【尾】來到南城見了個都兵馬，看了這老公公該免科罰，勸你早早回頭一坨兒受活煞。

南呂一枝花　月食救護

己巳秋，七月之望，月食不見。舊儀，日月入地食，及陰雲不見者，贊拜成禮以俟。是夕，文武方面官涉歷多者，僉以此質議，問於書生。書生漫應之。貿貿然救護無已期，長跪不堪者，手據地匍匐矣。數生者方更迭倚立，或掩口竊笑，又謬置木牌辭其始終。然陰雲竟夜，迄無明驗云。

黑呼通陰霾半夜天，硬哥邦石砌當堦地，軟烏刺腿丁骨存了血，磣柯查波羅蓋去了皮。隔重雲日月交食，打不破昏思謎，又不知進退機。可恨那傍觀者樂以忘憂，哄着俺領班的恭而無禮。

【梁州】有一個執牌的是不是先呈了食既，有一個上香的來不來又换上初虧，他把那生光食甚都顛置。不分南北，怎辨東西；豈知吞吐，那顯遲疾！一個價死没騰苫眼鋪眉，一個價瞎模糊藏頭露尾，一個價呆答孩似醉如癡。其中，就裏，顛三倒四存何意？見了那扒的扒睡的睡，這的是苟且因循不整齊，反褻天威。

【尾】只教他在官人都要齊齊跪，免使他仰面粧憨似不知，他準備下分番倒替堦前立。據他這所爲，全不守禮儀，問着他修省之心無半米。

南吕一枝花　日食救護

庚午正朔，日有食之。將届期，召書生問禮，無一至者。既就位，拜跪如禮。食二分弱而吐，日者以復圓牌樹案上，贊者相戒默默。移兩晷，班後人嘖嘖不平，私相語云：「今非雲掩，日光已復，牌樹久而不贊拜，何也？」已而有人報御史臺救護畢，生方狼顧徐走，作狐疑狀；又久之，始徹案。魯論曰：「及其更也，人皆仰之。」生獨不能仰者耶？元夕，月又食，余以病作在告，而僚吏各有所事，出郡城去，惟太守就位焉。

重逢羊馬年，又值雍熙運；早朝龍鳳輦，同賀聖朝君。叵耐天文，舜日生纖暈，羲光減半分。衆官僚救護精虔，霎時間團圓證本。

【梁州】有幾個歪學究不知分寸，又打上瞎陰陽怎辨時辰？那廝每青天白日精胡混。站的站天生的心倴，看的看日射的睛昏。站的似把廟門兩邊獅子，看的似掉鬼臉一隻胡孫。跪一攢老師儒斷送了斯文，卧一簇衆生員歪戴着頭巾，盼一個報時人全無有定準。發昏，丢盹，復圓牌換上了多時分。原本作外，兹從刻本。烏影全蟇精褪，瞎帳虚頭戲弄人，呆裏粧吞。

【尾】子俺這第一班咫尺天光近，直跪的文章可立身，也是俺一點忠誠存敬慎。有幾個歹筋，故意弄廣文，他要看那一位先生膝蓋兒穩。

南吕一枝花　對驢彈琴

有人觀古詩，摘句之工者揭壁間，凡數聯。其友過，見壁上句，怒褫之，拂衣去。主人問故，謝焉。友忿然曰：「汝何詬我之甚哉？」主人笑而解之：「是何與君事也？」其人愈忿，不顧而去。然竟不知其躁妄。而摘句者亦不能自白，以至絶交。嘗以語余，資一捧腹。鄙諺之言，有類於此，是以君子慎所與也。

知音自古稀，感物非容易；名琴偏愛撫，大耳不曾習。思憶顔回，怎入驢肝肺，難通草肚皮。俺這裏勾打吟猱，他那裏前跑後踢。

【梁州】他支蒙着兩耳朵長勾一尺，俺摩弄着七條絃彈了三回。子見他仰天大叫喬聲氣，諕的宮商錯亂，聒的音律差池。忽的難調玉軫，兀的怎按金徽？張果老赴不的瑤池佳會，孟浩然顧不的踏雪尋梅。他也懂不的崔鶯鶯待月眠遲，他也省不得卓文君飛凰求匹，他也曉不的牧犢子晚景無妻。看伊，所爲，秋風灌耳空淘氣。不知音不達意，這的是世間能走不能飛，草券一張皮。

【尾】看了他粗愚癡蠢村沙勢，似不的禾黍秋風聽馬嘶，怎怪他不解其中無限意。不遇着子期，誰知道品題？俺索把三尺絲桐收拾起。

正宮端正好　六秩寫真　北宮詞紀題作六秩林山山人爲予寫真。

林山山人數年前以繪事謁余於淶水，今年至保州見余，謂余貌猶昔也。余笑而不答。山人工山水人物，筆意蕭散不俗，又善畫菊。因問之曰：「若能爲海翁畫像乎？」山人笑而諾焉。乃幀綃勻采，作畫二幅，其一則海浮山村圖云。山人石臻，行唐人。

野鶴姿，孤雲相，汪本作像休看做濟楚軒昂。一生瀟灑偏豪放，拙質從天降。

【滚繡毬】巧丹青要主張，老先生不掩藏。你雖然畫葫蘆從來依樣，子俺這老官人你索仔細端相。眉梢有皺紋，懸針在印堂，染渲的十分停當，粧點出滿面風光。髭鬚不是天然黑，鬢髮還添數點蒼，便老也何妨？

【脱布衫】這的是戀功名却老仙方，霎時間一掃烏霜。且休提隨時混帳，只求箇本來模樣。

【小梁州】俺雖然受職爲官佐大邦，四品黄堂。烏紗角帶有輝光，虚名望，俺子待君子道其常。

【幺】俺本是江湖舊隱山中相，又何須珮玉冠裳？總不如綸巾羽扇任清狂，青藜杖，得意儘徜徉。

【滿庭芳】曾魁乙榜，不登甲第，便買田莊。從來不顯公卿相，僅足衣糧。淡富貴天庭高廣，小榮華地閣圓方。銜一味莊家樣，見今職掌，左右廣盈倉。郡城有廣盈左倉、廣盈右倉，凡二所。

【朝天子】米倉、草場，打算些莊頭帳。官閒睡到大天光，紅日高三丈。小可公衙，逍遥宦況，做歪詩没事忙。水荒、旱荒，硬把眉頭放。

【耍孩兒】峩冠博帶威儀壯，託賴着朝廷作養。峥嶸頭角豈尋常，不弱如衣錦腰黄。一官半職成何事？只爲傳神借寵光。老儒巾早離了咱頭上，人人瞻仰，世世傳揚。

【二煞】寫一幅行樂圖，高懸在五柳莊，清奇落魄山林相。田家正喜三秋飽，籬菊偏宜九月芳，把一枝描寫在輕綃上。膽瓶斜插，芸閣生香。

【一煞】龐兒畫的清，臉兒渲的光，三停五岳十分相。雖無紫袍玉帶功名顯，只有皓首龐眉歲月長，說甚的山東宰相山西將。不圖崇高富貴，博得福壽安康。

【尾】他道是吴小仙，又道是袁柳莊。他道俺官星還有十年旺，那時節另寫真容再相訪。

商調集賢賓　舍弟乞休

北宫詞紀題作喜弟少洲以江省左轄乞休。

余弟少洲子，辛未自江省左轄入覲，尋朝萬壽節。既竣事，私念曰：竊惟承宣使者，還職十二，罷去十三，臣當罷；然幸留，是曠蕩之恩也。恐奉職無狀，乃請老。余聞之，忻然曰：是可以老矣。吾與爾同歸乎！蓋平日夙約如此云。自余攝玉川長，不習文墨者五閱月。邇劉廉訪念庵寄詞數種，余覽之心動；又聞弟將歸，乃述此以志喜。

五湖舡浩然歸范蠡，知止足討便宜。再不提争名奪利，也休誇今是昨非。想當初高竿上貪進無功，子今日急流中勇退知機。荷天朝放臣還故里，成就了歸去來兮。感恩辭鳳闕，報德叩龍墀。

【逍遥樂】山呼萬歲，化比唐虞，聖邁北宮詞紀作返軒羲，一統華夷。贊皇猷四相扶持，萬里乾坤拱帝畿。慶賀了明良際會，見如今八方寧靖，四海昇平，九有雍熙。

【金菊香】却怎生微臣謝病解朝衣，這的是老馬思鄉路不迷。算人生少年能有幾？事到臨岐，收傀儡散筵席。

【醋葫蘆】早抽身望岱宗，急回頭瞻斗極，這的是孤臣去國意徘徊。雖然是利名心到今無半米，怎忘了君臣之義，不由人淋漓雙淚似杌推。

【幺】到東山春興長，向西疇農事急，數十年重整舊柴扉。把象簡烏紗收拾起，打扮出村翁的風致，拜謝了當今聖主賜臣歸。

【幺】雖無多金與帛，却有些山共水，登山玩水景希奇。四面青山圖畫裏，碧澄澄水緣山勢，把一座小莊兒環遶了兩三圍。

【幺】同胞好弟兄，汪本作兄弟，北宮詞紀同。挨肩兒廝靠倚，我和你相將塞雁一行飛。看了他嘹嚦悲鳴天外起，怕的是無情矰弋，再不戀鵝湖山下稻粱肥。原本作把，兹從北宮詞紀。

【幺】當家問老農，知心尋舊識，村南村北共追隨。好友良朋誰到底？空自有黄金浮世，眼見的白髮故人稀。

【幺】清心讀道書，高談窮妙理。這其間早已悟玄機，那其間怎能將塵慮洗。這其間退藏於密，那其間你我兩着迷。

【梧葉兒】也休言人定天難定，文齊福不齊，只争來早與來遲。想當初宦海翻鯨浪，如今春風信馬蹄，相伴着我和伊，直走到神仙洞裏。

【後庭花】俺那裏松窗倚翠微，茅菴依緑水，勝概連三島，危峯壓九嶷。塵世界不相離，又不在山南海北。闢荒田守舊基，課耕讀教子姪，戒兒孫躲是非，量功名值些甚的！

【青歌兒】呀，想着俺逃原本作還，兹從刻本。名逃名躲利，只爲您隨行隨行逐隊，送的俺半路離家往事違。塵土奔馳，枳棘卑棲；故國依依，望眼離離；海角天低，洞口雲迷。到今番攜手好同歸，結一夥烟霞會。

【浪裏來煞】春分酒剛半熟，清明節將近矣。趁韶華過眼共留題，有幾句詩詞聲韻美。喜遇着太平時世，祝吾皇福壽與天齊。

雙調新水令　送李閣老南歸　北宮詞紀題作送李閣老石鹿歸田。

石鹿翁之乞罷也，前後章十數上。聖天子眷之，朝列重之，海内士庶之衆，莫不望而惜之。翁陳乞愈懇不止，至是得請。余聞之，乃作而言曰：大哉聖人寵遇之仁，卓哉賢相奉身之道，古今君相，罕聞見者也。余始爲之歎息，歎息之不足，爲之擊節，擊節之不足，而不知歌之詠之，又一唱而三歎之，若不能以自已也。

翁其謂余爲知音乎！

狀元歸去馬如飛，最喜是功成身退。避賢初罷相，樂聖且啣杯。無限光輝，受用足昇平世。

【駐馬聽】帝德巍巍，千載原本作里，兹從汪本。北宮詞紀同。明良安社稷；臣工濟濟，兩朝元老鎮華夷。黃金鑄像甚希奇，赤松辟穀真玄秘。倣張良學范蠡，歸山便是歸湖計。

【雁兒落】幾番家上封章早見機，喫緊的奉温旨難回對。至如今表誠心有感通，因此上行孝道無拘繫。

【德勝令】呀，最喜是父母兩期頤，爲甚麽恩寵邁倫夷？堪羨也黼藻三公衮，權當呵斑斕五綵衣。盡忠孝無虧，論好事都全備。享福禄駢集，算人生實罕希。

【川撥棹】二十載鳳皇池，一路功名真箇是美。自從御筆親題，便殿承直，每日間經筵講帷，這的是一條冰清似水。

【七弟兄】試賢科第一，論相業北宮詞紀作論宰相。誰及？厭紛更尚執持，端的是太平宰相匡時器。老成人物清朝瑞，爲甚麽聖明天子難輕棄？

【梅花酒】甫能勾謝龍墀，却又早宣勑。感不盡恩輝，仗銀瓜御路馳，欽給驛錦衣回，遣官僚左右隨。投至得碧雲湖緑楊堤，戧金船雪浪催，望東山訪漁磯，對南薰颭旌旗。

【收江南】成就了臣忠子孝兩無違，眼見的芝蘭累世競芳菲，好便似四時之序有前期。呀，老先生去國，方顯的元臣出處得其宜。

仙呂點絳唇　量移東歸述喜

北宫詞紀題作量移魯士師東歸述喜。

是年春，余弟得旨東歸，余是以有雄州之會，相將同隱南山中。弟不可，曰：「不告而去，非禮也。」余曰：「告則不得去，余既屢告之矣，迄不得請，奈何？」弟曰：「姑徐之，或有擢也。」至是，擢魯士師，遂行。

【混江龍】皇恩曠蕩，青春作伴好還鄉。敝車羸馬，短劍空囊。佐的是千里邦畿頭一郡，輔的是九朝藩國上十王。也會説龔黄事業，也會念董賈文章，端的是長沙太傅江都相。朱門曳履，青史流芳。

用舍行藏，浮沉升降。咱心上，萬慮俱忘，一點無遮障。

【油葫蘆】自古來漢室東平姓字香，賢王，這的是地靈人傑演天潢，謹遵祖訓全忠亮。正靠着孔孟門，這便是鄒魯鄉，少甚麽詩書禮樂與仁讓，似這等封國豈尋常。

【天下樂】便不然匹馬蕭蕭返故鄉，參詳，五柳莊。這陀兒山水園林生意廣，要飽呵泊下田，要暖呵陌上桑。雖然是寒酸改不了窮模樣，這的是知足得安康。

【那吒令】到春來好忙，纔耕呵又耩；到夏來也忙，不鋤呵不長；到秋來狠忙，疾收呵緊搶。忙的忙没是非，搶的搶無遮當，到冬來黍穀填倉。

【鵲踏枝】及早的納官糧，又不去上公堂。做一個聖世閒人，儘俺疎狂。但來的親朋過訪，笑談間賓主相忘。

【寄生草】也休論村和俏，也休言短共長。莊家不用虛名望，山人自有閒情況，安心怎受乾磨障？青春先到草堂中，白雲常鎖山溪上。

【幺】呀，正遲日江山麗，更春風花草香。高齋睡足梅花帳，輕風細滚桃花浪，清尊滿泛梨花釀。左圖右史有殘書，青松翠竹存幽尚。

【後庭花】許多時耳邊廂空妄想，誰承望好人言都是謊！也不看出馬三條路，只到了推車四堵牆。細平章，成就了幽人幽人長往。啓賢明一字王，感仁恩千歲昌；代陪臣上表章，賜山人歸故鄉。是非叢没兩廂，利名途不四行。

【青歌兒】呀，學不就新興新興時樣，改不了尋常尋常伎倆。一迷裏奔馳走四方，誰弱誰強？何短何長？難比難量，自作自當。子俺這平生意氣忒昂藏，甘疎放。

【賺煞】清福趁人來，好事從天降，儘着俺閑遊戲賞。這的是喫了筵席好散場，休貪戀剩酒殘湯。趁時光，勝日尋芳，離不了海浮山下龍灣上。卧明月滿床，駕清風一航，長受用地老共天荒。

雙調新水令　賀鳳渚公鎮易州　北宫詞紀題作送長沙守鳳渚公課最擢鎮易州。

鳳渚公初尹清苑，晉擢廷評，䘏刑南圻；出守長沙郡，惠政茂績，課天下治行第一。辛未春，上臨軒賜宴，寵數殊典，聖朝僅再見焉。既而來鎮易州，公舊遊也，吏民愛戴，日深一日，復恐遷去。詩云：「鴻飛遵渚，公歸無所，于汝信處。」

九重宫殿聖人朝，普天下太平時道。綸音傳玉陛，仙樂奏雲璈。御筆親招，賢太守齊來到。

【駐馬聽】德邁唐堯，蕩蕩巍巍光四表；心同周召，雍雍濟濟肅千僚。聖君賢相重英豪，黎民百姓都安樂。那其間真箇好，歡聲塞滿長沙道。

【雁兒落】一箇箇衡攔汪本作横攔着白玉橋，一箇箇緊扯定花藤轎，一箇箇攀轅的不放行，一箇箇卧轍的連聲叫。

【得勝令】呀，只聽的滿路鬧吵吵，汪本作炒炒誰承望太守早歸朝，誰念俺賦重蒼生苦，誰念俺差繁赤子勞？忽聽的民謠，恰受用三年樂；只願你官高，任飛騰萬里遥。

【水仙子】賢聲欽奏紫宸朝，聖旨傳宣彩鳳毫，承恩犒賞烏翎鈔。御筵開都醉飽，受用些内酒仙餚。看卓異聲名振，把循良姓字標，不負了撫字心勞。

【折桂令】十餘年撫字心勞，到處仁聲，一味清操。月照吴江，雲離楚岫，春返燕郊。一處處邊塵盡掃，一家家民病都消。當日箇小試牛刀，至如今大展龍韜。這的是熟路輕車，安穩逍遥。

【離亭宴歇指煞】雲端已下旌賢詔，天曹又貼陞官報，俺民呵怎熬？不甫能盼得來，却又早陞將去，再怎生巴得到？這壁廂去後思，那壁廂來時笑，到處裏等着。只願的八方黎庶安，萬里烽烟息，四海村田樂，方顯得仁賢是寶。大丈夫志四方，保吾民都是好。

商調集賢賓　歸田自壽

癸酉　北宮詞紀題作歸田生辰自述，並注云：是日席上報兒姪鄉薦。

自壬戌之秋，皆有自壽之詞。其爲郡縣，則恐吏民知之；爲博士，則恐生徒知之。其詞久而弗傳，故所至無與爲壽者。壬申歸田，方幸親姻弟姪，相與稱壽，而是歲吾弟不禄，吾服朞年之制，廢祝壽之禮。今秋逸壽會友招余，即席叩余生辰。笑而不答。諸公笑相向曰：「無乃是日乎？」余默默無以應也。是會也，洞厓大夫爲雲門逸壽會記，余姪子咸叨鄉薦，亦於席上聞捷。是夕家宴，小大畢集，夜分乃罷。

黍登場釀成桑落酒，交九月入三秋，準備下山翁稱壽，穩情着汪本作取，北宫詞紀同。海屋添籌。等閑間暑往寒來，平白地霧散雲收。到城中訪尋同會友，四十年故國交遊。子俺這生辰重慶祝，詩酒共綢繆。

【逍遥樂】雲門依舊，世路更新，鄉情耐久，光景難留，到如今太半白頭。都不羡三公與五侯，出落的抽身撒手；俺子待怡情山水，寄傲乾坤，遁迹林丘。

【醋葫蘆】俺如今度韶華六十三，每年間閱秋光七八九，一時時一處處趁追遊。每日價打呵呵大家開笑口，也算做功成名就，喜孜孜不離了釣詩鈎。

【幺】俺子見大施爲有是非，細評論無好醜。至如今閑北宫詞紀無閑字。將冷眼覷時流，看了他覆雨翻雲難罷手，到頭來苗而不秀，總不如得合休處便合休。

【幺】俺這裏買山中百畝田，插門前五株柳，一納里耕田鑿井度春秋。稚子山妻十數口，正值着收成時候，這的是微軀此外復何求？

【么】恰纔箇繞蝸居編菊籬，又報道步蟾宫折桂手，端的是前人種德後人收。傚效着北海開尊頻送酒，正對着南山爲壽，一家兒團圓賀喜自相酬。

【梧葉兒】聽靈鵲猶然噪，看燈花不斷頭，喜數世紹箕裘。衆子姪行排雁，小兒孫氣食牛，擎瓦鉢捧瓷甌，一箇箇齊斟壽酒。

【後庭花】常記的急煎煎塵内走，有時節氣昂昂街上搊。走的箇喘吁吁無停脚，搊的箇立欽欽不轉頭。暢好是没來由，頓忘了開尊開尊祝壽。潑家私一向丢，劣身軀不自由，十年間無事憂，到今日歸去休。

【青歌兒】呀，猛想起功名功名馳驟，總不如山林山林清秀。子俺這竹杖芒鞋獨木舟，任意遨遊，信口歌謳；百丈厓頭，七里灘頭，訪仙翁道侶慕玄修，閑窮究。

【浪裏來煞】有青蓮共唱酬，謝白衣來送酒。山中宰相儘清幽，到今年喜從心上有。又寫出新詞自壽，把閑言一筆盡都勾。

商調集賢賓　題長春園

北山翁寄余長春園集，余既覽之，從而詠歌之，又從而一唱三歎之。則雖未見其人，窺其園，即如接音容，玩奇勝，相與登熙臺，坐春風中也。古人嘗云，神交卧遊者，不空談矣。癸酉二月，余始晤山翁於園亭，傾蓋論心，歷境觀物，殆猶夙遇云。時邑中詞宗騷客畢集，是余嘗竊慕而心醉者；而是日又相與傾倒盡歡，盤桓花下，余迺大醉。詰朝始雨，東沙、後溪、信溪三翁，皆有志喜之作。主人授筆硯，余夙酒初醒，然心醉者未醒也。山翁余與爲世講兄弟，誼不得辭，勉成此調，附備一體焉爾。

海雲鄉望春天共遠，花有信景無邊。青靄靄千林芳甸，錦重重十畝名園。往常時迅掃了混沌江湖，至如今出落的散誕神仙。看桑田幾時經變遷，一任他日月流連。這答兒舒遲消永晝，安穩度韶年。

【逍遥樂】東風拂面，北闕懸情，西疇在眼，好雨連綿，霎時間萬物澄鮮。正值着輕暖輕寒二月天，春遍滿河陽花縣。可正是賢侯製錦，聖主登極，良相調元。

【金菊香】從今後安排沽酒買花錢，爲甚麼白日無憂夜穩眠？興來時引杯休放淺，芳草如綿，醉倒處便安然。

【醋葫蘆】錦鳩兒屋上啼，黄鶯兒花外囀，聽聲聲一似向人言。紅杏枝頭春較淺，休只待芳菲零亂，唤遊人早來到看花園。

【幺】到春來碧桃開緑柳垂，到夏來海榴紅翠荷展，到秋來芙蓉亭畔菊籬邊，到冬來雪月風花細裁剪。落的箇歲寒不變，總然是四時八節盡堪憐。

【幺】賞一春又一春，樂一年又一年，受用足春光如海酒如泉。仙苑春長何處顯？托賴着主人康健，草堂深不弱似小桃源。

【幺】晚風前醉月樓，水晶簾雲外捲，趁清光把盞對嬋娟。高駕冰輪天上輾，暢好是相酬相勸，滿拚着一千二百箇月兒圓。

【幺】至誠心有感通，格仙亭神聖顯，靈文寶籙受真詮。一顆金桃丹九轉，準備着瑶池開宴，紫霞觴沉醉了大羅仙。

【幺】好弟兄宦業成，老夫妻福禄全，喜的是千金難買子孫賢。蓋世功名方貴顯，畢罷了南征北戰，便歸來知足扁吾軒。

【幺】荼蘼棚曲檻幽，牡丹臺國色妍，又輕風細雨養花天。萬紫千紅分近遠，單等待四時開遍，直到了暗香浮動老梅邊。

【幺】羣峯展畫屏，拳石傍几筵，擺列着清奇古怪貌峨然。九雙貞友瀛洲選，每日在山翁前面，都一般磨而不磷秉心堅。

【梧葉兒】結一夥北海奇英會，索强如西京獨樂園。喜緑野遶堂前，那裏也藏金塢，廣開些種玉田，雖不是李平泉，一簇簇繁華照眼。

【後庭花】人居在小洞天，客追隨平地仙。曲奏陽春調，詩成白雪篇。聚高賢，一個個珠璣珠璣滿卷，蘸霜毫拂錦箋。按宮商叶管絃，選歌姬就舞筵，不知音不與傳。【青歌兒】呀，正值着清明清明遊宴，人都在鞦韆鞦韆庭院。忽聽的牆外人聲越自憐，彩袖雙鶱，寶髻斜偏，形影蹁躚，意態留連，汗浥刻本誤作挹。花鈿，露濕金蓮。含情原作含無情背立小桃邊，多留戀。【浪裏來煞】愛烟霞地自偏，傲乾坤心更遠。論英雄何必老林泉？滿腹經綸須大展，休負了蒼生之願，那其間東山高卧聽朝宣。

雙調新水令　題劉伊坡壽域

劉伊坡，汴之陳留人，大學士文穆公之孫。博學能文詞，善書法，以世廕官中書，出相周、魯二王國，廉勤有聲稱。嘗謝病家居，作生壙，搆真寧亭、知息堂，築歸化臺、小瑕丘，於其上種花釀酒，時邀親厚，燕飲其中。諸名家記詠其事，刻之木石者甚富。余見而重之曰：「達人哉，達人哉！」諸家之詩文尚矣，余則爲作雙調十一章，爲燕飲樂歌云。

望中原佳氣郁籠葱，出神仙小瑕丘洞。青龍瞻泰嶽，白虎鎮喬嵩。朱雀奇峯，繞玄武大河控。

【駐馬聽】紫翠重封，萬疊層巒對祝融；雲霞簇擁，千年靈氣隱隆中。伊瀍汴洛共朝宗，夷門少室相陪奉。這的是長命冢，冢字原缺，據北宮詞紀補。到其間衣冠遺世空傳頌。

【雁兒落】俺只道冷清清養老宮，却原來浄巉巉藏貞洞。栽培的顫巍巍錦片花，擺列的酷烈烈香醪瓮。

【得勝令】呀，人都道拚死命逞英雄，俺只道尋活計覓從容。爲甚麽看日月如飛箭？這其間覷乾坤似轉蓬。心胸，好世界遊仙夢；疏慵，潑生涯過耳風。

【川撥棹】論閥閱有三公，論才華非一種。文擅雕龍，詩比宗工；詞苑稱雄，書法兼通。論事業當朝賈董，都分付黄土中。

【七弟兄】這的是勅封，壽宮。喚良朋，我共你三杯兩盞相傳送，你共我三言兩語叙情悰，索强如三番兩次空盤弄。

【梅花酒】自離了紫禁中，正周魯分封，恰相國優崇，受恩眷方隆。猛然思芍藥圃，驀地想木香棚。怕繁華取次空，寂寞了海棠叢。

【收江南】呀，真寧亭幾度領春風，知息堂無復憶坡翁，歸化臺千里月朦朧。這都是託空，却不道鼎湖弓劍有仙蹤。

【沽美酒】且休題學卧龍，也不必訪崆峒，聖帝賢王世道隆。到如今君臣義重，不枉了效吾忠。

【太平令】有一日天風送，北宫詞紀天風送作天風吹送。直到了閬苑三峯。相伴的蓬萊仙衆，撇颺了小瑕丘洞。那其間駕空，御風，再不落轂中，這墳呵暢好是備而無用。

【離亭宴歇指煞】中州遺却虚粱冢，神仙唤醒邯鄲夢。笑殺時人懞懂：欠分曉死生關，不明白忠孝字，怎識得王侯種。常聞葉底蟬，誰羨雞羣鳳？試看坡仙壽壠。達者洞玄機，至人通造化，善士承天寵。俺子見青山展素屏，緑水修清供，一簇簇松梧翠聳。端的是知止足得身安，保真元歷年永。

海浮山堂詞稿卷二上

歸田小令

胡十八　四首　辛未量移東歸

每日價説歸田，誰子待苦留戀？急回頭恰過年，有花有酒是神仙。弟兄每比肩，兒女在眼前，喜歡的無是處，一日醉兩三遍。

每日價説歸家，到如今省牽掛，息奔馳免波查，東隣西舍慰安咱。打一個耳擦，使一個手法，行的去轉的來，拿的起放的下。

每日價説歸休，這其間剛罷手，已往事盡都勾，十年世路夢中遊。到深山裏頭，有薄田幾丘，儘自在儘安然，惜性命延吾壽。

每日價説歸湖，忘不了訪仙路，烟月艇水雲居，悠悠蕩蕩小蓬壺。載的來黿㚋，釣的來好魚，也會吃也會頑，人道俺儘豪富。

滿庭芳　四首

天官賜福，地靈有待，人事相扶。循良已上功勞簿，名滿皇都。望吾鄉官遷東魯，尋勝境舟泛南湖。清閑趣，從前受苦，今日且歡娛。

急流退勇，兩畿奉職，三仕成功。白雲一片相隨送，對面東風。這便是前呵後擁，緊跟着去迹來蹤。清閑夢，從前俗冗，今日得從容。

中年知止，一官如寄，兩鬢成絲。當年無復飛揚志，老更何之？分明是山人樣子，怎會做仕路腔兒。清閑事，從前故紙，再不費神思。

陞官道好，酒雖有味，不飲爲高。從今不走長安道，也免塵勞。名利途何時是了？是非場其實難逃。清閑樂，從前懊惱，今日且逍遥。

朝天子　二首　將歸得舍弟書

去春呵你回，今春呵俺歸，正與春風會。青山緑水有光輝，喜的幽人至。賢主佳賓，吾兄我弟，笑談多情意美。你回也不遲，我歸也不疾，遲和早都得計。你去年入山，俺今年棄官，同氣長爲伴。浮名不到水雲間，從此無羈絆。日日相過，時時廝見，省傳書千里遠。看時文幾篇，和新詩幾聯，課子姪親筆硯。

清江引 八首 八不用

烏紗帽滿京城日日搶，全不在賢愚上。新人換舊人，後浪催前浪，誰是誰非不用講。

紫羅襴披的破盧蘇，也非是值錢物。縫聯無掛搭，拆洗難重做，送與他故衣行不上數。

拖天帶繫的沒顛倒，總是虛圈套。一條死牛皮，幾塊生牛角，拖拉的有上梢無下梢。

皂朝靴磨擦了半截底，也有個登開日。驢前馬後行，簷下堦傍立，近新來丟剥了如湫屣。

擺頭搭一雙雙開路神，引入迷魂陣。翻回安樂窩，遠離京畿郡，俺如今是山中自在人。

三簷傘兒不用遮，仰看天心月。雪中戴斗篷，雨裏擎荷葉，好向王維畫兒上寫。

花藤轎兒行的緊，遠路多勞頓。顛的心緒慌，搖的頭皮暈，總不如瘦驢兒騎的汪本作上穩。

黃堂上自來公座高，無福誰能到。夜闌人未歸，早起寒猶峭，總不如熱炕頭還是好。

清江引 二十首 東村作

懶慢無堪病也宜，鎮日常貪睡。黑甜一覺中，萬事無縈繫，醒來時便有些閑是非。

一折一磨病也該，清福無邊界。不欠酒家錢，不少詩家債，受用的癢兒無處擓。

一片白雲常在山，忽被風吹散。風來雲不知，雲去山無伴，爲甚的從前出岫懶？

絮絮叨叨何處聲？攪亂幽人興。鶯兒嘴又尖，燕子舌偏佞，搬弄的好年華不暫停。

庭下雙槐枝葉齊，生長在清幽地。玄冬蔽冷風，朱夏遮炎日，冷暖相交都是你。

舊日親朋不甚多，靜裏思量過。榮華固不長，貧賤都彫落，好相知再結交三四夥。

一月招邀一兩席，也吃個醺醺醉。柴桑處士家，洛社耆英會，歲歲年年稱壽杯。

彎曲律連皮柳木叉，搭一座葫蘆架。涼如避暑宮，廣似連雲廈，客來時坐石床清趣煞。

沽來青州酒一壺，浸入泉深處。勝似蜜林檎，賽過金盤露，不愛涼甜只愛苦。

土酥出畦白似霜，甘脆真堪尚。宜烹玉葉羹，善解梨花釀，自古道菜根滋味長。水蘿蔔待不看書又看書，畢竟閑不住。難將紙上言，盡得其中趣，俺不看他誰是主。

待不作詩又作詩，改不了詩言志。閑時口内吟，静裏心間事，怕只怕索詩人來到此。

待不撰文又撰文，翰墨吾之分。姻親贈遠行，社友傳高論，不由人謾尋思睡不穩。

待不唱歌又唱歌，唱的是村田樂。年成減半收，家業安貧過，樂處尋來愁處躲。

大雨時行日日晴，荒旱天之命。難醫眼前瘡，又抱心頭病，爲均輸倒加糧二頃。

水旱相仍六七年，自昔誰曾見。田園没養活，糧草乾陪墊，窮鄉官近來無俸錢。

老龍王安心忒好閑，不管頻年旱。溪頭水脈乾，井底泉源斷，要一瓢水下鍋難上難。

去年七月初行雨，今歲歸何處？連宵有暴風，長夏無甘澍，懶龍眠到幾時天上取？

過今年向平婚嫁少，五嶽終須到。眼前有子孫，手内無錢鈔，趁閑時不遊山何日了。

出門自然兩脚輕，閑坐三分病。悶時渴睡多，樂地精神勝，總不如訪名山到處行。

黄鶯兒 二首　病起

陋巷少人過，問先生病若何？經旬學得陳摶卧。新麥飯吃多，村薄酒飲多，這些兒醉飽消得過。敵詩魔，從今説破，休要苦吟哦。

抱膝水邊亭，避炎蒸遠市城，悠然物外山林興。此身呵已輕，此心呵更清，多因詩瘦非因病。勸先生，肥從口味，酒飯一齊行。汪本末二句作「從今强飯，高唱踏莎行」。南宮詞紀同。

黄鶯兒　午憩

庭樹影交加，掃蒼苔設小榻，頹然一枕消長夏。待觀書眼花，要題詩手麻，老妻閑說家常話。問莊家，麥收幾許？快沽酒賞葵花。

黄鶯兒　懷所思

牆外轆轤鳴，似轔轔車馬聲，高軒恍忽臨荒逕。試披衣起聽，待抽身出迎，多應是佳客乘詩興。憶交情，逢時對景，獨自立中庭。

黄羅歌　樹下留客

小隱在山林，客來時坐緑陰，團團芳樹垂清蔭。靜悠悠趣深，冷颼颼汪本作蕭蕭，南宮詞紀同。氣森森，解衣散髮無拘禁。共知音，狂歌痛飲，酒到莫停斟。堂高數仞，也索費心；食前方丈，也索費心，此身之外圖些甚？閑中過，樂處尋，一枝藜杖一床琴。由人笑，信口吟，佳山佳水遍汪本作便，南宮詞紀同。登臨。

黄羅歌　示姪

高枕卧林間，衆賢姪來問安，睡魔即漸都消散。早來也喜歡，晚來也喜歡，不來必定多縈絆。克家難，耕讀勤幹，何必遠來看。各安生理，經書勉旃；及時耕耩，種豆滿山，麥秋減却多一半。天猶旱，地正乾，商霖何日遍人寰？田糧重，民力殫，常將辛苦濟時艱。

黄羅歌　灌園

流水遶人家，灌田園開原本作間，兹從刻本。南宫詞紀同。小閘，隨灣就曲增堤垻。罷河陽種花，效東陵賣瓜，路汪本無路字，任本同。行人笑俺擡高價。自矜誇，纍纍滿架，五色絢雲霞。充飢當飯，解渴當茶；客來欵待，臨溪坐沙，謾條條共説無憂汪本作生，南宫詞紀同。話。機心盡，樂意洽，漢陰抱甕舊生涯。秋葵葉，春韭芽，四時佳味度年華。

黄羅歌 四首　觀雨共酌 椿林堂　南宫詞紀題作椿林堂觀雨。

小雨潤如酥，遠霏霏近却無，空濛斜向疏簾度。雲行太虚，風飄玉除，絲絲點點成甘露。荷沾濡，瀟然無暑，滿座笑歡呼。梁園詞客，高陽酒徒；詩成共賞，飲盡再沽，千金不賣長門賦。合勸學稼，慣種蔬，一簑一笠一張鋤。天心轉，民命蘇，從今不悔作農夫。

多病故人疏，有誰來問索居？蕭條長夏東村路。田園半蕪，禾苗半枯，老農一望無情緒。命巾車，閑遊城府，談笑有鴻儒。相逢不飲，高情又孤；何須投轄，無勞曳裾，及時好雨留人住。合前。

竹裏有行廚，煮新茶泛翠盂，清香嫩剖蓮薹肉。襟懷不俗，形骸不拘，擎杯對景聯詩句。問通儒，從今至古，不飲豈吾徒？劉伶五斗，阮籍百斛，相如滌器，文君倚壚，陶淵明種黍逢甘澍。合前。

雨過洗平蕪，染南山列畫圖，雲門地鏡添膏沐。荷花錦鋪，榴英火簇，山翁醉倒在花深處。正歡娛，胡曾懷古，張翰憶蓴鱸。秋風將至，暑氣漸徂。興來不淺，陶然一壺，慶豐年共享天之禄。合前。

朝元歌 四首 述懷 南宮詞紀作恬退四首。

長歌短歌，盡日逍遥樂；詩魔酒魔，到處盤桓坐。明月清風，同咱三個，常把世情參破。萬慮消磨，清閑壘成安樂窩。奉勸傻哥哥，休争少共多！合隨緣且過，權當做東山高卧。

心不戀三臺八座，生來福相薄，勉强待如何？休想豪華，且耽寂寞，防備臨時失錯。難免張羅，會飛騰也將翅兒縛。宦海有風波，平生涉歷多。合前。

到處裏追歡行樂，山童歌舞着，拍手笑呵呵。帽插巖花，酒斟江糯，慢把風騷酬和。信口開合，新詩小詞積漸多。烏兔走如梭，都將今古磨。合前。

也不管花開花落，年年一短簑，寒暑飽經過。順水推船，隨風倒舵，雲影天光攧破。碾碎銀河，烟村幾家趖汪本作依，南宫詞紀、南詞韻選同。碧波。喜聽採蓮歌，山花賽綺羅。合前。

玉江引 四首

閱世 汪本作恬退四首。

我戀青春，青春不戀我。我怕蒼髯，蒼髯没處躲。富貴待如何？風流猶自可。有酒當喝，逢花插一朶。有曲當歌，知音合一夥。家私雖然不甚多，權且糊塗過。平安路上行，穩便場中坐，再不惹名韁和利鎖。

一品高官，朝中待漏塞。萬里兵權，將軍夜過關。名利不如閑，奔忙争似懶。誰會鑽天，休嫌胳膊短。誰好綿纏，休嫌膝蓋軟。世路如同天樣遠，就裏多坑塹。曾將古人評，再把今人勘，一椿椿上心來重點檢。汪本此首屬下一題中。

論地談天，逢人說一篇。希聖希賢，空聽口內言。心迹總茫然，經綸方大展。妙旨通玄，教人打啞禪。外貌清廉，生來只愛錢。好一似鷺鷥兒毛色鮮，素質無瑕玷。包藏吞噬心，兩脚忙如箭，零碎魚兒嗉兒裏攢。

世路悠悠，誰知短共修。歲月如流，忽然春復秋。肥遯且藏頭，功名甘罷手。浪迹遨遊，撑開范蠡舟。擺脱閑愁，休登王粲樓。生涯只須詩共酒，莫自嫌卑陋。鶯花又換新，山水還依舊，這其間要追懽隨處有。

玉江引　四首　紀笑　汪本作悼世四首。

學問才華，看如大海沙。利口伶牙，聽如井底蛙。財旺主通達，粧窮都是傻。空自嗟呀，安排不到家。枉受波吒，休嗔我笑他。我笑他恰便似臨崖馬，不早收韁罷。回又不敢回，下又不敢下，脚踻原本作哂，兹從刻本。着賺人坑不是耍。

百口分跋，難參尖嘴佛。百計騰挪，難逃毒害哥。成敗是蕭何，英雄無結果。一折一磨，誰知死共活。一仰一合，休嗔我笑他。我笑他恰便似扑燈蛾，自取焚身禍。雙眉化作烟，兩翅燒成末，眼睜睜飛將來不見火。

有眼無睛，何曾識好人。側耳聽聲，强將假當真。舉世見錢親，窮胎爲禍本。滿口胡云，休言清慎勤。一味貪嗔，休嗔我笑君。我笑君貪財不顧身，晝夜無窮盡。更不辨蒼白，何處尋公論？把英雄折倒的沿地滚。

立定根基，出門多路歧。説甚相知，從來知我希。人面逐高低，迂儒不度己。今是昨非，誰能早見機？秉性難移，休嗔我笑伊。我笑伊一文錢纏到底，算甚麽名和利？堪嗟枉費心，可惜乾淘氣，總不如望雲山歸故里。

醉太平 二首　遂閑

誰説俺不平，俺元無宦情。秋收田地到春耕，從來是本等。懶驢愁治不了傳槽病，餵猫食救不的殘生命，使牛歌改不了舊音（汪本作時）聲，急歸來笑聽。

沉顛先擔子，軟兀刺身奇，擔驚受怕有差池，那裏是中吃的果兒？空教我喘吁吁濟不的星兒事，悶懨懨伸不的平生志，急煎煎捱不的那些時，喜今番到此。

天香引 二首　送陳震南

送君行匹馬西風，别思綿綿，去路匆匆。塵鞅空囊，雲山逸興，宦海孤蹤。徘徊處寒花舊壠，指顧問斜日離宫。稽古桓榮，識字揚雄。金石文章，錦繡心胸。足音稀空谷跫然，不是詩翁，便是神仙。氣味相投，風情迥别，議論通玄。感知遇綈袍戀戀，説行藏光景年年。瘦聳吟肩，小設離筵。遠客悲歌，野水寒烟。

天香引　謝張誠菴雙調之贈

解塵纓笑入詞林，最喜同聲，偏愛知音。水檻霜清，山堂月冷，竹塢雲深。裁麗曲工如蜀錦，按新腔價重南金。險韻侵尋，雙調沉吟。四海傳流，千古胸襟。

天香引　柬東沙吕僉憲

樹勳名劍閣嵯峨，歸去雲山，笑入烟蘿。處處新詩，時時小酌，日日高歌。共知音天仙素娥，同得道月老黄婆。塵世消磨，春色融和。進步蓬萊，回首風波。

天香引　柬劉後溪

興飄然杖策何之？數首唐詩，幾曲元詞。關塞書懷，山川寫景，鄉國題思。玳筵上傳授與明腔雪兒，畫屏前準備下妙翰張芝。名起當時，紙貴京師。健羨清汪本作仙。才，珍重嬌姿。

天香引　柬董信溪

任逍遥洛下耆英，曾作鹽梅，爲國調羹。一脈家傳，三齊閥閲，累世簪纓。樂琴書心田坦平，愛山水眼界分明。地接蓬瀛，路出燕京。退隱漁樵，進取功名。

仙桂引　壽董北山七十一

鷗盟常共水雲親，鶴算偏宜海屋隣，蝸軒更與蓬萊近。奉身安行步穩，古希年再數重巡。享清福三齊耆俊，樂清閑十洲舊隱，遇清時萬曆長春。遇清時萬曆長春，南極生輝，北海開尊。賢主嘉賓，金昆玉季，桂子蘭孫。論宦業調羹補衮，振家聲善武能文。麟閣功勳，鳳藻絲綸。與國同休，奕世承恩。

河西六娘子　癸酉新春試筆

獻歲山翁六十三，老馮唐懶去朝參，功名簿上閑磨勘。呀，袖手且粧憨，退步有何慚？世態炎涼已飽諳。

玉芙蓉　益姪家宴

千金一刻春，良夜三更近，滿華筵骨肉之親。海浮山下烟霞潤，椿桂堂中氣象新。清香醞，三巡五巡，一家兒老少醉醺醺。

桂枝香　臨姪家宴

疏星淡月，好天良夜，玳筵前兄弟排行，畫堂中兒孫羅列。把金杯滿些，把金杯滿些，合家歡悦。銀壺漏永玉繩斜，去歲人何在？今春景又别。

朝元歌　蒙姪家宴

條風谷風，春意花梢動。三鍾兩鍾，春酒眼前奉。銀燭高燒，湘簾不控，忽聽的歌聲輕送。皓月當空，良宵不眠興未窮。子姪笑相從，殷勤醉海翁。天倫情重，寂寞了西堂清夢。時舍弟逝矣

折桂令　咸姪家宴

海雲收雪霽山青，旭日初長，文運方亨。五桂重芳，一椿未老，四葉傳經。開夜宴休離酩酊，聽春絃最喜輕清。伐木歌聲，行葦親情。樂意綢繆，笑語丁寧。

朝天子 二首　答陳李二君

陳子昂古詩，李太白律詩，字字相傳示。錦心繡口冠當時，滿紙龍蛇字。掌筆騷壇，游情文事，海山間三數子。俺如今淺思，編幾句小詞，也當做詩言志。

一遭兒菊籬，輪莊兒酒席，老兒當常相會。汪本作共野老成高會。淵明得意便啣杯，笑向花間醉。好景凝眸，深山屏迹，棄浮名如脱屣。喚奚囊汪本作奴自隨，遞詩筒再題，就裏汪本作林下多風味。洞厓、芝巘，悉示詩章。懶漫無堪，未能仰和。聊占小令，用謝高篇。媿鐘缶之殊音，將唱酬之無當也。

駐馬聽 二首　晚浴

晚浴晴川，正是炎蒸六月天。葛巾斜掛，芒履雙拋，野服高懸。科頭跣足腹便便，柳陰深處涼無限。名利休纏，頂冠束帶，許多不便。坐傍溪橋，一派清漣暑氣消。風生雙腋，爽透煩襟，浄滌塵囂。水邊難解紫羅袍，枝頭怎掛烏紗帽？散誕逍遥，如今喜得，林泉高蹈。

懶畫眉　二首　樂閑

水邊林下一閑人，無慮無思自在神。功名富貴等浮雲，春光秋月無窮盡，日日看山日日新。清風明月兩閑人，笑傲烟霞洗世塵。無邊光景滿乾坤，涼生暑退秋光近，日日吟詩日日新。

塞鴻秋　二首　喜雪

雪花兒飛，風力兒催，隔窗兒凛慄透寒威。土炕蘆蓆，濁酒山妻，賽羊羔勝党姬。念窮民肚裏無食，嘆寒儒身上無衣。高山成玉壘，平地起銀堆。嘻，看來歲得便宜。

雪填門，人斷魂，少柴無米怎温存？喜殺官人，盼殺黎民，撒梨花都是春。滿天街瑞氣氤氲，舞簾櫳玉屑繽紛。今冬難湊手，來歲好安身。貧，那有隔年陳。

仙桂引　甲戌新春試筆

大年初一好晴明，初二初三氣候清，迎春士女如雲盛。問勾芒仔細聽：願今年五穀豐登，願今年八方寧静，願今年糧差輕省，願今年黎庶安生。聽勾芒應答衆生：天有神靈，官又廉明，吏不違條，民不犯法，盜不縱横。四夷安齊輸欵誠，三光正推驗昇平。從今後歲歲收成，户户充盈。託賴着萬曆皇朝，倚仗着九棘公卿。

仙桂引　燈夕

元宵十五好晴天，十六十七景物妍，觀燈士女貪歡宴。喜孜孜笑語喧，幸遭逢盛世豐年。風不動芝麻賤，月交輝百穀全，好燈光萬事安然。謝朝中宰相調元，官不勞民，吏不貪錢，糧不重徵，差無偏累，銀不加添。感逃移心回意轉，恤貧窮復業歸田。左右無權，書算絶奸。吃緊的郡守廉明，委實的邑宰仁賢。

一江風　益姪家宴　二首

入新年，日日開春宴，幸得身强健。喜團圓，椿桂重芳，蘭蕙香風滿。新詩和幾聯，新詞和幾篇，堂前又覩奎光現。入新春，又值文明運，咫尺三臺近。慶風雲，聖主臨軒，齊魯登賢俊。春光占幾分，春觴勸幾巡，耳邊廂忽聽的春雷震。

玉抱肚　臨姪家宴

一年嘉慶，北堂前芝蘭向榮。把金甌淺泛流霞，和春詞變入新聲。歌喉響遏碧雲行，雪月風花滿郡城。

朝元歌　蒙姪家宴

花香酒香，且把愁顏放。風光月光，頓覺詩懷暢。笑語綢繆，篆烟飄蕩，春滿尊前席上。琴瑟高張，清歌一聲繞畫梁。昔日紫微堂，今朝翠竹房。男兒志向，休負了前人名望。

折桂朝天令　二首　咸姪會試

燦文星世世重輝，酉中秋闈，戌中春闈，看東華金榜名題。解却儒衣，換上朝衣，羨沖舉九苞鳳起，任扶搖萬里鵬飛。聖主登極，賢俊來儀，投至得捷報南宮，不枉了聲震東齊。設席，舉杯，元旦成佳會。長行直到曲江池，方稱遊春意。桃浪千層，杏林十里，這風光真個美。對燈花此夕，步雲程有期，大家拚一個醺醺醉。

十年來一介書生，頗擅才名，也擅科名，五朝中累世簪纓。方顯文星，又顯官星，論黼藻堪稱國英，談道義克振家聲。纔入新正，即便登程，一步步足躡天梯，不移時身上瑶京。此行，準成，金榜標名姓。出門相送弟和兄，勸酒多嘉慶。棠棣連枝，雁鴻接影，到京師趨華省。耳邊廂細聽，唱的是渭城，和一闋折桂朝天令。時履姪在駕部。

黄鶯兒　勉姪　二首

掛一段狀元紅，占春光錦繡叢，書生仰荷君恩重。望金門鞠躬，近天顔改容，傳宣京尹排騶從。狀元紅，前遮後擁，攔不住五花驄。

簪一朵狀元花，這風流實可誇，長安走馬人如畫。金貂客手插，玉樓人眼瞰，杏園春色真無價。狀元花，來回顧影，不覺的側烏紗。

折桂令　春陰

寫春聯遍帖柴門，詩也宜春，酒也宜春。跨毛驢笑入烟村，風也撩人，雪也撩人。環海岱生意鼎新，滿乾坤和氣氤氳。行雨行雲，富國安民。準擬西成，多謝東君。

折桂令　焚柏子

翠巍巍柏子浮煙，清似鷄舌，潤比龍涎。芸草窗中，芝蘭砌畔，椿桂堂前。遇道人偏宜講玄，對高僧最好談禪。案上丹鉛，坐下青氈。對此觀書，對此鳴絃。

折桂令　燒榾柮

燒榾柮老瓦盆中，暖氣烘烘，樂意融融。烟透軒窗，寒銷院宇，春滿簾櫳。煨嫩芋紅爐謾擁，點清茶白雪新烹。冷淡家風，瀟灑山翁。受用無邊，汪本作詩思千言。熱酒三鍾。汪本作酒量千鍾。

折桂令 四首

閱報除名

喜朝中一旦除名，俺纔是散誕山人，自在先生。敝屣離身，扁舟抵岸，飄瓦忘形。苦奔波三萬里迢迢遠征，花打算四十年小小前程。蜀道難行，齊瑟誰聽？若不是忽刺八開豁的清白，怎能勾生扢查倒斷的分明。

嘆人情不繫之舟，隨水東西，蕩蕩悠悠。把似俺二意三心，總不如一刀兩斷，才是箇萬了千休。信同僚苦勸着莫得要輕輕罷手，聽親戚攛斷的怎能勾早早回頭。到底是賦性優柔，遇事遲留。止不過蝸角虛名，汪本作只今日遠離風塵。又不是都督王侯。汪本作落得個高卧林丘。

笑吾生天地之間，半紙功名，六品王官。百樣參差，十分潦倒，一味孤寒。破砂鍋換蒜皮有何希罕？死鷄兒熝白菜枉受艱難。從今後雲水青山，竹杖黃冠。遠離了世路風塵，跳出了宦海波瀾。

看人情世態偏別，禍福無端，好惡隨邪。歧路亡羊，塞翁失馬，弓影成蛇。拾了個破包頭有何難捨？打了個昏斯謎費盡周折。雖不是豪杰，也不是癡呆。豈不知這樣兒清高，那樣兒巴竭。

朝天子　喜客至

喜羣英赴席，看五星聚奎，百里內賢人會。甕頭新釀帶糟皮，到手休辭醉。東省齊名，南宮高第，兩同年情更美。酬勸了幾杯，穿換了一迴，申不盡東君意。

朝天子　候客不至

敬心兒往來，用意兒剖劃，爲只爲兩世通家愛。寒儒那有大安排，鷄黍相陪待。廚下休忙，東君莫怪，請着他佯不采。有酒兒自釃，有肉兒自嚷，頓忘了炎涼態。

朝天子　拜客不答

遠迢迢出城，静悄悄到廳，再拜申微敬。覓人擡轎費經營，買柬兒通名姓。往而不來，幡然自省，敞着門終日等。俺如今已惺，也學的寡情，閉了門推乾净。

朝天子　喜客相訪

掩柴門不開，有高賢到來，又破了山人戒。斯文一氣便忘懷，笑傲煙霞外。雅意相投，誠心款待，酒瓶乾還去買。你也休揣歪，俺也休小哉，終有個朋情在。

桂枝香　雨後雪

小春將盡，寒風傳信，恰纔聽雨點無聲，又早見雪花成陣。静悄悄閉門，静悄悄閉門，新開香醞，自釃自飲。意欣欣，堂前十月汪汪水，不怕來年一日辛。

桂枝香　雪晴

一天飛絮，萬山堆玉，霎時間掃盡同雲，又添上無邊清趣。任幽人品題，任幽人品題，錦囊佳句，探原本作將，兹從刻本。梅歸去。意何如？消磨歲月詩千首，笑傲乾坤酒一壺。

胡十八　刈麥有感　四首

八十歲，老莊家，幾曾見，今年麥！又無顆粒又無柴。三百日旱災，二千里放開。偏俺這卧牛城，四下里忒原本作成，兹從刻本。毒害。

不甫能，大開鐮，閃的個，嘴着地。陪了人工陪飯食，似這般忒癡，真個是罕希。急安排種豆兒，再着本還圖利。

穿和吃，不索愁，愁的是，遭官棒。五月半間便開倉，里正哥過堂，花户每比糧。賣田宅無買的，典兒女陪不上。往常原本作當，兹從刻本。時，收麥年，麥罷了，是一儉。今年無麥又無錢，哭哀哀告天，那答兒叫冤？但撞着里正哥，一萬聲可憐見。

折桂令　二首　刈穀有感

自歸來農圃優游，麥也無收，黍也無收。恰遭逢饑饉之秋，穀也不熟，菜也不熟。占花甲偏憎癸酉，看流行正到奎婁。官又憂愁，民又漂流。誰敢替百姓擔當？怎禁他一例誅求！

近新來百費俱捐，官也無錢，民也無錢。遠鄉中一向顛連，村也無烟，市也無烟。貧又逃富又逃前催後趲，田也棄房也棄東走西遷。幸賴明賢，招撫言旋。毒收頭先要合封，狠催申又討加添。

小梁州　二首　飼蟻有感

無千無萬聚庭階，犯險的惹禍招災。那年江省考遺才，人廝躧，多士最堪哀。

縱然吾意無毒害，脚到處衆命難捱。撒了把細麩皮，引的他忙成塊。喜的是手疾眼快，齊入穴中來。

朝天子　四首　東村樓成

小樓，地頭，不出户觀耕耨。晚來四面上簾鈎，一覽山川秀。瀟散琴棋，尋常詩酒，避塵囂辭俗友。到秋，頗收，具鷄黍邀親舊。

望家，看瓜，小可成間架。四圍禾稼間桑麻，只看到秋收罷。破二作三，少七沒八，謾綳拽窮對搭。板笆，草榻，高臥無驚怕。

倚闌，玩山，平穩似連雲棧。門前七里釣魚灘，説甚的磻溪岸。陡展詩懷，高擡醉眼，性天寬心地坦。避煩，討閑，好受用窮鄉宦。

四方，八窗，高出松梢上。黑甜一枕到羲皇，傲煞陶元亮。長夏風清，新秋氣爽，好潛修堪静養。坐忘，退藏，息念處消魔障。

朝天子　四首　自遣

海翁，命窮，百不會千無用。知書識字總成空，浮世乾和閧。笑俺奔波，從他盤弄，你乖猾俺懞懂。就中，不同，誰認的鷄和鳳。海浮，命毒，方的俺無錢物。半床圖畫半床書，這便原本作伊，兹從刻本。是安身處。論地談天，知今道古，一時人全不數。念吾，寡徒，有句話和誰訴？

汝行，此生，天賦與烟霞性。世間名利兩無成，落得山中静。鳥徑禪關，龍溪釣艇，緑簑衣披一領。子平，五星，不問卜知前定。

萬緣，聽天，不富貴安貧賤。老妻稚子種山田，骨肉相依戀。家世耕讀，時常過遣，又何須名姓顯！向前，有年，便足平生願。

駐雲飛　二首　此景亭初秋小酌　南宫詞紀題作初秋此景亭小酌。

時值新秋，一雨初晴暑氣收。翠滴山光瘦，紅濕荷香透。嗏，佳客任遨遊，買魚沽酒。醉後狂歌，舞破衣衫袖，不管人間萬種愁。

一段秋光，萬柳陰中納晚凉。風動鷗波滉，雨過龍溪漲。嗏，玉手送霞觴，逍遥亭上。洗耳開懷，試聽紅兒唱，一笑都將萬慮忘。

桂枝香 二首 贈人

月中丹桂，天花香細，熬盡了萬紫千紅，占斷了奇花名卉。到清秋盛開，到清秋盛開，金風飄砌，嫦娥初會。意徘徊，乞得千年藥，還攀萬丈梯。冰輪高掛，花枝低亞，恰纔玉兔東昇，又早銀蟾西下。折一朵桂花，折一朵桂花，千金無價。香風縹緲，散天葩，分付登雲客，相將步月華。

二犯傍粧臺 此景亭觀雨共酌 南宮詞紀題作此景亭雨酌。

流水遶孤村，藕花四面吐清芬。坐邀三益友，行樂百年身。輕雷忽送山前雨，暮靄遥連海上雲。解衣沽酒，促膝論文，一談一笑共相親。七月火西流，湖光山色倍清幽。共拚河朔飲，散步習池遊。兒童莫笑山翁醉，麴米能消杜甫愁。碧筒縱飲，清商朗謳，海天一雨彩虹收。

二犯傍粧臺 世恩堂觀雨共酌 南宮詞紀題作世恩堂雨酌。

高會畫堂中，瑞烟裊裊雨濛濛。漸看花露重，莫放酒尊空。敲殘棋子消清晝，捲盡湘簾對遠峯。竹溪六逸，商山四翁，至今千載仰高風。無事且啣杯，相邀一月兩三席。醉翁非爲酒，詩社共分題。德星喜兆賢人聚，膏雨初回造化機。太平有象，豐年可期，逢場作戲便追隨。

二犯傍粧臺　李奇坡會不果赴

南宮詞紀題作李奇坡見招雨不果赴。

三日出村行，青鸞早已報先聲。披衣看月色，欹枕盼窗明。未及赴飲天留客，纔待登車雨滿城。笑余掃興，孤君款情，秀才食肉犯梟星。涼雨洗平沙，瓊樓對起鎖烟霞。清秋浮爽氣，勝事競繁華。佳山佳水東齊郡，難弟難兄北海家。綺筵候客，銀河泛槎，相看咫尺隔天涯。

玉芙蓉　二首　喜雨

村城井水乾，遠近河流斷，近新來好雨連綿。田家接口薥秫飯，書館充腸苜蓿盤。年成變，歡顔笑顔，到秋來納稼滿場園。

初添野水涯，細滴茅簷下，喜芃芃遍地桑麻。消災不數千金價，救苦重生八口家。都開罷，喬花豆花，眼見的葫蘆棚結了個赤金瓜。

玉芙蓉 二首 苦雨

衝開七里灘，淹倒蟠溪岸，釣臺沉何處投竿？三時不雨田苗旱，一雨無休水潦寬。民愁嘆，號天怨天，這其間方信道做天難。

恰纔慶雨澤，汪本作顏纔得雨開。豈料爲民害！汪本作心轉憂霖害。一時間旱潦齊來。牆傾屋塌千家壞，水浸風磨五穀災。多奇怪，時乖命乖，嘆吾生畢竟是老窮胎。

玉芙蓉 二首 苦風

難將風雨調，無計回天道，簸乾坤晝夜狂飈。核科折盡泥中倒，黍穀磨殘水上漂。哀哀告，汪本作將封姨告。千勞萬勞，汪本作三農最勞。誰承望一年勤苦總無聊！汪本作休只管飛沙走石恁呼號。

封家十八姨，毒害能爲祟，撞南牆猛雨如錐。摧殘禾稼飢難濟，壓倒房廊命有虧。民何罪？天知地知，願回心風調雨順霽嚴威。

玉芙蓉　二首　喜晴

鳩來屋上鳴，雨霽偏靈應，這其間準擬收成。雖然天意人難定，到底民窮運轉亨。簷前聽，三聲兩聲，誰想這小毛團倒好驗陰晴。

陰雲萬里無，積雨千山度，拯羣生脱離了泥塗。青天豈有絶人路，赤日還爲救命符。沽酒處，三壺兩壺，眼見的樂陶陶醉倒了老農夫。

玉江引　農家樂　次洞厓韻

喜得秋成，新炊乾飯飽。準備冬寒，純棉粗布襖。不怕社官喬，何妨書手狡。無慮無憂，先將官債了。無是無非，休嫌家當少。暖虛虛炕頭睡的好，安穩誰驚覺。消殘水旱愁，唱徹村田樂，若不是這年成何處跑。

玉江引　農家苦　次洞厓韻

倒了房宅，堪憐生計蹙。衝了田園，難將雙手扢。陸地水平鋪，秋禾風亂舞。水旱相仍，農家何日足？牆壁通連，窮年何處補？往常時不似今番苦，萬事由天做。又無餬口糧，那有遮身布，幾椿兒不由人不叫苦。

傍粧臺 四首

憂復雨 次洞厓韻

喜登山，閑看秋雨自憑闌。誰知巨洋深似海，平地水連天。飄流房屋傷禾稼，傾倒牆垣損藥欄。天難定，民不安，滿懷愁鎖兩眉間。

望雲開，原本作門，兹從刻本。忽驚東北雨聲來。百川齊泛濫，千里盡風霾。甫能六月愁乾旱，恰入三秋告水災。流行到，時運該，家家少米又無柴。

黑雲連，猶如天地尚函三。街前翻巨浪，城下起狂瀾。閭閻生計頻年病，市井謠言何日安？思前事，防未然，千愁萬苦訴蒼天。汪本第三句以下作：翻街惟巨浪，沉竈盡狂瀾。漂來萍藻侵禾稼，隱見魚龍泛藥欄。鳩啼屋，民籲天，不知何計慰閭閻！

暮烟霏，村城四望見應稀。有塵生飯甑，無處覓漁磯。半彎轉過三尺水，一步行來兩脚泥。田園没，生計微，誰將荒政拯羣黎？

傍粧臺 四首

喜復晴 次洞厓韻

舉頭瞧，披雲撥霧仰丹霄。開門看小圃，倚杖步荒郊。鳩聲喚徹千林曉，鶴駕飛來萬里遥。山容瘦，花瓣嬌，野人遊玩也清高。

舉頭看，三竿紅日上青天。且喜天睁眼，不怕水衝田。雖然汪本作莫愁。南畝禾生耳，忽見汪本作且喜東隣竈有烟。詩懷暢，酒量寬，願同擊壤樂堯年。汪本首四句用下文對青山一首之四句。

喜輝煌，扶桑擁出太陽光。不愁泥曳履，猶恐露沾裳。牆傾旋插新籬障，屋倒權修破草房。看秋景，納晚涼，一時得意氣軒昂。

對青山，雲霞變幻片時間。清風良夜景，明月早秋天。酒杯到手休辭醉，竹杖隨身不記年。登臨樂，笑語懽，大家同會大羅仙。

朝天子

四術

醫

把腕兒綽觔，搯杖兒下針，無倒斷差分寸。處心醫富不醫貧，慣用巴霜信。利膈寬胸，單方弔引，幾文錢堪做本。瀉殺了好人，治活了歹人，趁我汪本作趁着我。十年運。

卜

睁着眼莽謅，閉着眼瞎謅，那一個知休咎？流年月令費鑽求，就裏多虛謬。四課三傳，張八李九，一樁樁不應口。百中經枕頭，卦盒兒在手，花打算胡將就。

相

對着臉朗言，扯着手軟纏，論富貴分貧賤。今年不濟有來年，看氣色實難辨。蔭子封妻，成家蕩産，細端相胡指點。憑着你臉涎，看的俺靦顔，正眼兒不待見。

巫

扇鼓兒狠敲，背膊兒磣摇，不住的梭梭跳。五更半夜睡不着，隣舍家嫌聒噪。綽去了三魂，相衝着五道，鬼病兒難得好。買金銀紙燒，請師婆賽了，敬意把邪神報。

寄生草

四不全

缺唇兒

娘吃了兔兒肉，兒少了口唇皮。喝茶喝水空勞力，説長説短乾淘氣，吹燈吹火無巴臂。懷胎婦女再休饞，但見了兔兒須迴避。

點脚兒

一脚長一脚短，一步高一步低。東攲西倒街前醉，歪頭劣肚門傍立，伸腰曲膝牀頭睡。買一條鐵拐早修行，功成插入神仙隊。

禿廝兒

少一綹青絲髮，有幾根喇哩毛。網兒頂線無着落，梳兒篦兒都不要，虱子蟣子無消耗。人人稱道是同知，幾時戴一頂烏紗帽？

癭膊兒

看着你嗉兒裏有，每日家還要吃。吃的是尿胞裝着些膀胱氣，嚮的他吁吁喘喘難醫治，愁的是深深唱喏頭着地。連腮帶耳一般粗，做了些揚揚不睬胖張勢。

滿庭芳

四憎

蠅

蠅營半載，跟尋腥腐，變亂蒼白。雖然首尾無毒害，蹤跡胡歪。書案上摇摇擺擺，酒席間鬧鬧垓垓。鼻尖兒快，靜悄悄荒郊野外，人坐下一齊來。

蚊

些微形狀，聲如雷動，嘴似針芒。但沾着皮肉不廝放，頃刻成瘡。眼待合又疼又癢，睡不穩難忍難當。酥胸上，輕輕一掌，汝命早先亡。

蚤

行藏欠穩，尖原本作失，兹從刻本。心害物，利嘴傷人。忽然亂跳無音信，磚縫裏藏身。手摸着三魂早殞，口咬着一命難存。那時節無投奔，饒你跟頭亂滾，跳不出破皮褌。

蝨

窮生蟣虱，慣欺破襖，頻解高懷。你咬我我咬你都休怪，手到擒來。擒住你開呵喝采，放原本作故，兹從刻本。了你增福消災。從今後休相害，實指望富而生疥，又只怕癢難捱。

滿庭芳　藥蟲

紅頭黑嘴，苦中作樂，甜處求食。何曾生冷傷脾胃，無病尋醫。咀嚼的口中最美，補養的身上難肥。秋陽內，攤開曬你，不死也去層皮。

滿庭芳　書蟲

蠹魚汪本作蟲。雖小，咬文嚼字，有甚才學？綿纏紙裹書中耗，占定窩巢。俺看他一生怕了，你鑽他何日開交？聽吾道：輕身兒快跑，捻着你命難饒。汪本作逃。

桂枝香　十首

治源大十景　南宮詞紀題作治源別業。

乾坤清氣，林泉佳致，恍疑似方丈蓬壺，端的是洞天福地。暖溶溶玉池，暖溶溶玉池，源頭活水，珍珠亂撒，一片琉璃。海上三山秀，人間萬古奇。

浮山勝概，治源烟靄，又不是香霧空濛，又不是輕雲靉靆。不移時閃開，不移時閃開，神仙世界，十洲三島，閬苑蓬萊。天上黃金闕，壺中白玉臺。

白鷗輕漾，紅鴛翻浪，恰纔過捉馬潭邊，又早到小龍灣上。緑陰陰兩行，緑陰陰兩行，青絲飄蕩，千條弱柳，萬縷垂楊。好一似連環鎖，牽人入醉鄉。

山居幽靜，湖光相汪本作交。南宮詞紀同。映，翠巍巍四面雲屏，碧澄澄一輪銀鏡。聽悠悠數聲，聽悠悠數聲，禪林清磬，動人詩興，信步閑行。雨過沙邊路，風來水上亭。

冶官遺廟，千山環抱，鑄劍池徹底澄清，飛雲閣半空縹紗。柳陰中小橋，柳陰中小橋，漁樵徑道，遊人登眺，盡日逍遥。上到摩天嶺，方知此處高。堂開雲岫，泉分石竇，倒坐着水月觀音，生就的浄瓶楊柳。有前朝古槐，有前朝古槐，千年依舊，龍蛇技鬭，隱護靈湫。黑水洪洋峪，深藏景最幽。扁舟一葉，金波摇拽，輕撥開翠藻青蒲，滿載着光風霽月。蕩星河影斜，蕩星河影斜，好天良夜，珠泉萬顆，雲錦千叠。鮮鯽銀絲鱠，年年受用些。東山高卧，小亭清坐。結識上酒友詩朋，準備下及時行樂。滿池塘緑荷，滿池塘緑荷，紅蓮萬朵，開尊宴賞，信口吟哦。喜得高人至，盤桓安樂窩。玉泉香院，金仙出現，千年古刹傳留，萬載皇圖永奠。自歸來閉關，自歸來閉關，空門依戀，静聽清梵，醉愛逃禪。石鼎烹茶品，名山第一泉。秋來春去，四時成趣。家住翠竹叢中，人在白雲深處。看天然畫圖，看天然畫圖，眼前詩句，水芹香稻，鮮酒活魚。見説江南好，江南恐不如。

黄鶯兒　二首　美人杯

掌上醉楊妃，透春心露玉肌，瓊漿細瀉甜如蜜。鼻尖兒對直，舌頭兒聽題，熱突突滚下咽喉内。奉尊席，笑吟吟勸你，偏愛吃紫霞杯。

春意透酥胸，眼雙合睡夢中，嬌滴滴一點花心動。花心兒茜紅，花瓣兒粉紅，泛流霞悮入桃源洞。奉三鍾，喜清香細湧，似秋水出芙蓉。

懶畫眉　前題次韻　二首

妖嬈人樣酒杯兒，仰面昏沉睡覺兒，纖腰半露那些兒。細看他這點花兒蕊，瀉出瓊漿一線兒。

瑶觴托在手心兒，暖酒輕沾口角兒，杯心正對舌尖兒。消停仔細嘗滋味，滿口香甜有趣兒。

折桂令　送琦孫鄉試

論干支應驗如何？子也登科，丁也登科。橋梓聯芳，祖孫繩盛，世沐恩波。準備就攀月桂當頭一朵，不枉了赴文場鏖戰三合。鵬舉溟渤，鳳起巖阿。佇望飛騰，勉自琢磨。

仙桂引　詠詩匏

靈匏聲價重鴟夷，盤古流傳混沌皮，團圞共結緇沂會。賽郵筒不摘離，叩清音喚醒詩脾。寫不盡風花記，吟不徹雪月題，但登臨滚滚相隨。小壺天玉質冰肌。喜則喜空洞能容，爲則爲囊括無遺。錦重叠滿紙雲烟，光絢爛一天星斗，圓滴溜萬顆珠璣。俺只道混元形未分兩儀，誰鑿透通玄竅肇判三極？付奚童仔細收拾，倩高賢珍重留題。覽詩篇字字精工，詠詞章句句神奇。

仙桂引　喜雪新春試筆

大年初一雪花飄，瑞氣祥光貫九霄，從今已顯豐穰兆。喜三白遍四郊，託賴着臺省賢勞。扶助的朝廷有道，保安的黎民無擾，感召的雨順風調。細繽紛密灑衡茅，海宇生輝，山岳增高。萬朵琪花，千枝玉樹，百尺銀橋。掃蕩了豺狼當道，簇擁着驄馬行軺。清擬冰條，貴比瓊瑶。滿齊城有脚陽春，恰都是柏府人豪。

前調　元宵喜雪夜分而止

元宵十五雪花飛，玉映天街火樹圍，從今再顯豐年瑞。萬民安二麥宜，壓遺蝗入地千尺。喜百穀蒙生意，慶三農更足食，拜謝了天地神祇。草堂開小設筵席。雪裏燈竿，分外希奇。柳絮輕盈，梨花飄漾，梅蕊芳菲。笑談中詩詞並美，轉盼時燈月交輝。夜色何其？兔影沉西。有酒重斟，不醉無歸。

河西六娘子 笑園六詠 六首

問道先生笑甚麽？笑的我一仰一合，時人不識余心樂。呀，兩脚跳梭梭，拍手笑呵呵，風月無邊好快活。

人世難逢笑口開，笑的我東倒西歪。平生不欠虧心債。呀，每日笑胎嗨，坦蕩放襟懷，笑傲乾坤好快哉。

閑看山人笑臉兒紅，笑時節雙眼兒朦朧，平白地笑入玄真洞。呀，也不辨雌雄，也不見西東，笑不醒風魔胡突蟲。

玉兔金烏趕的慌，我笑他不住的窮忙。今來古往如奔浪。呀，三萬六千場，日日笑何妨，俯仰乾坤一醉鄉。

笑倒了山翁老傻瓜，爲甚的大笑哈哈？功名不入漁樵話。呀，打鼓弄琵琶，睡着唱楊家，用盡你機關笑掉了我的牙。

名利機關没正經，笑的我肚兒裏生疼。浮沉勝敗何時定？呀，個個哄人精，處處賺人坑，只落得山翁笑了一生。

朝天子 二首　夜聞琦捷口占

文運到丙丁，發跡在早齡，越顯的門風盛。神機妙出火牛城，一戰三齊定。　耀後光前，連科决勝，赴瓊林拚酩酊。金榜上列名，玉堂中樹聲，又千里傳家慶。

恰辭了桂軒，又到了杏園，早遂却男兒願。連登及第邁前賢，您喬梓都堪羡。　四世科名，五朝恩眷，荷天公垂庇遠。清白字祖傳，忠孝事原本作争，兹從刻本。勉旃，要振起咱門面。

浪淘沙 二首　種樹

荒隴枕洋溪，萬木雲齊。堯山翠色兩相依。歲歲年年生意好，手自栽培。　甘雨正淋漓，萬物光輝。滿林紅杏鬥芳菲。寒食清明剛到也，烟草萋萋。

獨自踏青遊，七里灘頭，垂楊嫋娜弄新柔。遍插青枝臨曲水，一種風流。　日日掃閑愁，移近高樓，栽培不爲棟梁謀。我愛長條千萬縷，蕩蕩悠悠。

黄鶯兒　鞦韆

遥望肉原本作四，兹從任本。飛仙，半虚空如線牽，天風吹得團團轉。摇落了玉蟬，湯抹了翠鈿，粉香汗濕桃花面。興飄然，湘裙大展，現八瓣妙金蓮。

醉太平　四首　家訓

勸哥哥學好，休捨命貪饕，聰明伶俐莫心高，只隨緣便了。抹了臉遮不盡傍人笑，腫了手拿不盡他人鈔，放倒身吃不盡小人敲，急回頭自保。

勸哥哥自想，要仔細商量，須知鳬短不能長，再休提勉强。別人肉貼不在腮頰上，愛便宜見放着傍州樣，怕年年醫不得眼前瘡，悔當時戳莽。

勸哥哥休歹，把兩眼睜開，一還一報一齊來，見如今天矮。人人心地藏毒害，家家事業多成敗，時時局面有興衰，到頭來怎解？

勸哥哥休狠，學性格温存，得饒人處且饒人，退步行最穩。循天理處安吾分，占便宜處甘吾笨，咬牙切齒反吾身，狠讀書爲本。

玉芙蓉　二首　笑園約會

山人今又來，雅會猶然在，笑園中羅列羣才。主人駕出無拘礙，坐客淹留盡放懷。真豪邁，悠哉快哉！一個家醉醺醺齊倒在碧苔堦。

友山醉似泥，角藝難支對，老冰壺伏地哇之。洞厓早跑知迴避，望石留連躲是非。胡先輩，低壺矢棋，勝不的醒山人硬勸了掛紅杯。會友望石，迎盛眷至宦邸，歡甚。同會慰勞之。有獻嘲者，但投壺對弈，略不爲動。所謂笑而不答心自閑者，非耶！

玉芙蓉 二首　嘲贈

他鄉即故鄉，久旱甘霖降，喜團圓無限風光。東藏西躲牽羅帳，後擁前遮入洞房。還掙扎，男兒自强，打算的兩年閑併做了一冬忙。

春光滿繡幃，夜夜乾淘氣，一家兒衆口難齊。使不的調虎離山計，當不得將軍八面威。腰肢瘦，憑誰替伊？這其間險些兒斷送了光頭皮。

折桂令 四首　病憶山中

數年間汪本作來。投老山村，閑也宜人，忙也宜人。近新來悮入城闉，行也勞神，坐也勞神。從今後再休想出山探親，準備下一納頭懶處安身。隔斷紅塵，占斷白雲。高插荆籬，緊閉柴門。

下山來逐日窮忙，窮也難當，忙也難當。到山中一味清狂，清也何妨，狂也何妨。怎寧耐㔉㔉攘攘，甘消受踽踽涼涼。雪嵌巖窗，月浸茅堂。四大安然，萬慮俱忘。笑當年半紙功名，功也無成，名也無成。急抽身一意歸耕，歸也相應，耕也相應。藥欄兒徐徐理整，草菴兒小小經營。烟月尋盟，雲水關情。細挽湖波，痛濯塵纓。掛崖龕雲樹叉枒，也有僧家，也有田家。抱山村澗水交加，也有漁槎，也有仙槎。碧雙灣浮沉月華，小八洞吞吐烟霞。不鍊丹砂，不養黄芽。風落枯藤，雪煮新茶。

鴻門奏凱歌　二首　喜雪

荷當陽明聖君，喜爕理多賢俊。正四時風雨調，育萬物陰陽順。呀，凈大地絶纖塵，拍長空結片雲，碾世界千山玉，鑄乾坤一錠銀。來春，享富貴無窮盡。吾民，賴天恩有處分。

慶三白方朔誇，湊四幅王維畫。吟不就灞上詩，壓不倒袁安廈。呀，折一朵浩然花，啜一盞党姬茶，摇一把山陰棹，訪一回安道家。銀槎，緊緊繫浮山下。瑶華，飄飄在洽水涯。

前調　岱翁餽問雪中賦謝

封題了梁苑詞，發付了梅花使，沾濡了鸞鳳箋，飛灑了龍蛇字。呀，鮮菱肉最甘肥，遠致自楚江湄。凉滲滲黄金橘，嫩生生白玉芝。珍奇，感子建殷勤賜。休辭，恰相如病渴時。

前調　奉謝諸宗枉駕

汪本宗作宗侯。

街前多長者車，門外有賢王輅。忽驚傳梁孝來，又報道陳思顧。呀，踏破了小茅廬，慌張了老迂儒。有雪茗何曾獻，欠村醪不敢沽。潛夫，再休把書來著。相如，喜從今病已蘇。

前調　謝諸公枉駕

邀的是試春遊張曲江，訪的是耽酒病陶元亮，行的是快吟詩唐翰林，坐的是會射策江都相。呀，這的是白雲明月謝家莊，抵多少秋風野草鎮邊堂。您子待平開了西土標名字，俺子待高卧在東山入醉鄉。周郎，耳聽着六律情偏暢。馮唐，身歷了三朝老更狂。

前調　謝諸老枉顧

一個樂謳歌全盛時，一個慣領料長生會，一個輪莊兒獻壽觴，一個打夥兒閑遊戲。

呀，一個倚玉樹折花枝，一個扶翠袖當青藜，一個教二子雙攀桂，一個濟羣生三世醫。希奇，八老聚魔先退。芳菲，兩娥來春早回。

前調　謝會友枉顧

又不曾費推敲將詩債擔，又不曾閑包攬把風情勘。止不過下山來將公事勾，進城去把高親探。呀，單想着洞天福地紫雲菴，清風明月碧龍潭。但離了聖境多愁病，恰遇着遊人共笑談。意象兒虚涵，默坐處機心淡。魂夢兒沉酣，猛醒來世味諳。

前調　子姪守歲

一個餙元戎冀北軍，一個修世業齊東郡，一個劍雙揮星斗光，一個筆横掃龍蛇陣。呀，一個折丹桂抱經綸，一個劚藍田課耕耘，一個近日月承天眷，一個走關山望海雲。全不厭清貧，守歲錢賒一分。但款叙情親，交年杯换幾巡。

清江引　十首　戊寅試筆

换歲交年百事吉，清曉天光霽。午風鼓太和，夜雪呈嘉瑞，唤書童掃文房閑試筆。

雪擁天街免拜年，閉閣開家宴。姪孫個個來，兒女團團勸，這便是滿堂春住世仙。
春水春山玉鏡臺，照徹神仙界。舟移島嶼中，人在雲霄外，這風光有黃金無處買。
緑水青山不用多，只容得人三個。閑隨牧豎歌，醉伴漁翁臥，每年間不暫離他共我。
明月清風何處無，全借山川助。高山更有情，流水都成趣，水山風月光萬古。
風月水山春色早，不近紅塵道。静尋物外遊，遠避人間鬧，出脱的一身安無價寶。
雪月風花細裁剪，又喜年成變。三農到處安，五穀殊常賤，愁只愁折官糧難辦錢。
好年成一文錢一片金，不似今番甚。糶糧没去頭，變産無人賃，一條鞭不弱如十段錦。
穀賤傷農傳自古，並不分貧富。今年下下門，舊歲超超户，抛荒了好莊田千萬畝。
山縣從來民害民，虎一分狼一分。明加又暗加，法盡情無盡，好清官不覷簷下狠。

鴻門奏凱歌 二首 復兒度遼省墓

覽雄風北鎮巔，蟠大地東洋甸，近扶桑曙氣通，映析木祥光絢。呀，仰廟貌鳳飛騫，瞻華表鶴翩躚，環瀚海三千里，抱毉閭百萬年。靈源，演世系徵文獻。龍仙，按圖經授秘傳。

歷三朝寵數優，傳四世文風舊。念焚修總是空，要祭掃乾生受。呀，長撇下萬千愁，冷落了四十秋。那裏也鱗鴻耗，大拚着狐兔遊。承繼了箕裘，早共晚功名就，撞破了烟樓，遲和疾志願酬。

龍山駱用卿，浙人，前戊辰榜先公同年友。善堪輿術，嘗按圖相先隴，每奇中。余戊戌東歸一展墓，逮今四十年，始遣子復，寄此勉之，必有濟也。

海浮山堂詞稿卷二下

小令

仙子步蟾宮 二首 解任後聞變有感

無官方顯一身輕，有子須教萬事成，歸家便是三生幸。又何愁烹五鼎，豈不聞君子懷刑？可惜了淮陰命，空留下武穆名，因此上急回頭死裏逃生，因此上急回頭死裏逃生。今日的一點英魂，昨日的萬里長城。劍擁兵圍，繩纏索綁，肉顫心驚。恨不能得便處投河跳井，悔不及起初時詐死埋名。口説無憑，眼見分明，再休提大爵高官，且安排淺種深耕。

邊聲初奏紫宸朝，戰血新沾壯士袍，風塵塞滿長安道。顯的俺退閑人有下梢，任他行攘攘勞勞。捨命的當前哨，貪功的赴市曹，俺如今散誕逍遥。俺如今散誕逍遥，也不登城，也不挑壕。避難而行，奉身而退，有託而逃。總然是潑家私無多有少，也不愁舊根基積小成高。世路崎嶢，宦海波濤。險阻經過，平穩開交。

朝天子　二十首

解官至舍

不着人眼空，不降錢手窮，故意把家緣弄。早年志氣藐三公，到底無實用。東海荒村，南山舊壠，説歸來非是哄。買三尺小童，學一世老農，悟往事真如夢。

茁兩間草堂，蓋幾個竹房，小則小合爻象。汪本作小則小玄情凶。三冬生暖夏生涼，就裏消災障。水繞山圍，原本作闈，兹從刻本。人間天上，遠塵纓遺世網。掛絲桐一張，釀村醪一缸，窮不殺陶元亮。

得意處早辭，稱心事審思，進與退皆天賜。功名富貴要知時，勘千載英雄志。論罪西曹，行刑東市，有傍州新例子。題數首小詩，填幾個拙詞，嘆古往今來事。

大牙爪虎威，小魑魅鬼皮，賭甚麽才和智？世間到處有危機，知足方爲貴。兔死狐悲，功成身退，覷通途漆似黑。謝朝簪拂衣，羡山人着棋，再不戀蠅頭利。

熱烘烘火爐，暖溶溶酒壺，虧不盡杯中物。半酣之後膽兒粗，打疊起憂和慮。濟濟官僚，潭潭帥府，犯邊的纔是苦。住半間草廬，披一身野服，過到老無榮辱。暴醃肉冷噴，新篘酒暖釃，風雪滿柴門外。塞翁豈有濟川才，論甚的成和敗，踢倒愁山，熬乾苦海，更何憂天地窄！寫新詞遣懷，笑時人揣歪，又恐怕兒曹怪。

也不學側文，也不慣使村，隨分量安時運。埋頭袖手掩蓬門，非便是耽孤悶。斗室天寬，匡床地穩，有丹方三數本。龍虎陣統軍，麒麟畫策勛，名與勢都休問。共白雲在山，伴黃石閉關，浮世事成虛幻。翠微深處萬松寒，流水鳴空澗。險阻非遥，歸來未晚，葆天真一味懶。到如今退閑，笑當時耐煩，那答兒無災難！

罷清貧一官，受艱辛百般，千里外音書斷。胡塵滾滾路漫漫，急回首無覊絆。灑淚新亭，甘心舊疃，不關情長共短。繞東流綠灣，看西山翠攢，覓幾個鷗爲伴。老妖精愛錢，小猢猻弄權，不認的生人面。癡心莫使出頭船，風浪登時變。扭曲爲直，胡褒亂貶，望君門天樣遠。幸身名保全，竄山林苟延，守本分甘貧賤。

破炕頭暖燒，舊朋情款邀，親狎處多歡笑。衡門不許外人敲，小院宇冰花落。會面嫌遲，抽身要早，悔當初知見少。利名心免勞，是非場且饒，受用足村田樂。一會家忖度，百般的怎麽？·缺世界實難過。識人多處是非多，懶待起東山卧。明月當頭，清風入座，好相交他共我。拚性命死磨，有多少養活？·眼底事都瞧破。

叫喳喳早鴉，鬧吵吵晚蛙，混不了漁樵話。溪山環繞兩三家，就裏乾坤大。草舍斜開，蒿籬亂插，有鄰翁同笑耍。煎柏葉當茶，燒蔓菁燙牙，吃不飽由他罷！

土孤堆蟻垤，泥疙疸蚓穴，些小處誇勛業。裝成傀儡像豪傑，越顯的功名劣。莫恨時窮，休嫌運拙，虎離山龍在野。占清溪一絶，斷紅塵兩截，看不厭天心月。

燈挑着竹檠，酒斟酌瓦瓶，霜月小銀河浄。共君一夜話平生，説不盡江湖興。且放疎狂，常拚酩酊，醉了呵還自醒。笑吟吟緩聲，韻悠悠好聽，唱一闋隨心令。

得休處且休，待修來早修，心不足何時彀？是非場上莫貪求，一任龍蛇斗。月朗風清，天長地久，忙裏無閑處有。種山田一丘，釣滄溟一鈎，養性命增年壽。

看炎涼滿眸，聽風聲點頭，人海内多虛謬。些兒蝸角也稱牛，真共假誰窮究？尺步繩趨，錦心繡口，苦清貧甘自守。富貴兼五侯，聰明通九流，兩下裏難厮凑。

浄巉巉遠岑，疏刺刺晚林，碧水内天光浸。一間草閣一床琴，從雅淡無些甚。野鳥如簧，巖花似錦，莫蹉跎孤負您。買香醪淺斟，想新詩苦吟，誰待把咱拘禁？

矮鋪他草菴，破盧蘇葛衫，衠一味捱清淡。萬山深處老龍潭，徹底青於藍。爽氣侵人，寒光照膽，有神靈多妙感。窮性分免貪，歹心腸少憨，再休把驪珠探。

趁光風捲簾，看斜陽轉簷，棲隱處雲來占。門垂五柳似陶潛，叢菊開芳豔。樂以忘憂，貧而無諂，到如今不犯險。悔當時出尖，没來由討嫌，急回首無瑕玷。

余以癸亥秋解官，自分優游山水，無意世事。邇於笥中偶檢舊稿，爲之憮然者久之。

醉太平 十八首　李中麓醉歸堂夜話 戊午感事

笑山人懵懂，怪野性疎慵，緣何不與世情通？厭繁華俗冗。隱居占一口白雲洞，家私汪本作生涯守一隻黄虀甕，奚囊欠一個孔方兄，下山來打哄。

茅庵無片瓦，石洞有殘霞，青山深處住成家，儘胸懷脱灑。飽嘗世味如嚼蠟，傍觀人海如看畫，閑評物理似摶沙，問山人不答。

比桃源深遠，倣栗里幽閑，侯門有鋏幾曾彈？玩圖書數卷。忘形自有烟霞伴，明時老却英雄漢，機心不到利名關，看白雲自捲。

望十洲霧斂，與三島雲連，海波曉日湧金盤，見桑田近遠。功名富貴非吾願，詩詞歌賦難興販，風花雪月不須錢，儘逍遥過遣。

二十年不足，三百里無餘，偶然又到子雲居，下山來有主。文章不數三都賦，忠誠不忘千秋録，精通不但五車書，老先生自許。

好光陰有幾？美心事難齊，定知早晚兆熊羆，聽兒童道喜。南山丹竈千年計，東窗紅日三竿睡，西堂白晝一枰棋，老先生自適。

有干雲書閣，伴咏月詩豪，從遊門下盡時髦，展山堂灑掃。天人造化窮玄妙，經書義理都精到，詞章字句細推敲，老先生自考。

喜完名全節，不降志隨邪，中年晝錦儘驕奢，看頑童戲者。高勳一點雲明滅，高官一朵花開謝，高歌一片月横斜，老先生笑也。

論功名小可，問道理如何？總然有志也蹉跎，欠明師指撥。願時間省幾個高軒過，在門牆打一月春風坐，問鄰翁借半壁嬾雲窩，老先生教我。

儘紅塵眯眼，看紫陌摩肩，蠅頭蝸角鬥威權，亂紛紛貴顯。一棚傀儡千根綫，一條大路三重塹，一生事業半文錢，問前程近遠？

眼睁睁打盹，跳梭梭發昏，猶如混沌未全分，黑旋風亂滾。皮燈籠挑入迷魂陣，悶葫蘆藏在埋頭囤，渾泥漿插和麵糊盆，不明白似您。

休涎眉瞪眼，怕赤手空拳，要從平地去鑽天，透靈犀一點。細丁星半壁金鋼鑽，團滴溜幾顆琉璃彈，滑禿盧滿把水晶丸，一條繩貫穿。

世不曾下廣，也不走蘇杭，不中販賣老文章，單看他掛榜。閑行的有幾個梳兒匠，使錢的他道是唐三藏，打魚的正撞着斷橋樁，眼睜開撒網。

入嵩山深隱，向北海垂綸，粗衣淡飯守清貧，有殘書數本。搜山的正撞個精光棍，巡欄的也有個低時運，告饒的只戴頂破頭巾，血心腸自忖。

喬山神愛寶，老土地貪饕，往來君子把香燒，保前途大好。凡人留一貫鴉青鈔，神仙捨一粒靈丹藥，飛禽抽一撮絳紅毛，急回來再找。

享榮華富貴，遇盛世明時，幹成銅斗好家私，是一生利息。閑花野草田荒廢，抛妻撇子民逃避，拿刀弄仗盜乘機，老官人不理。

包龍圖任滿，于定國遷官，小民何處得伸冤？望金門路遠。嚴刑峻法鋤良善，甜言美語扶兇犯，死聲淘氣叫皇天，老天公不管。

休隨心作歹，莫倚勢胡歪，須知暑往有寒來，不多時便改。强梁自有强梁賽，聰明反被聰明害，後人又使後人哀，看斑斑史策。

傍粧臺 六首 效中麓體

醉醺醺，滿懷風月一腔春。閑看烏兔如流水，身世等浮雲。有歌有舞東山妓，無是無非北海樽。休粧假，莫認真，得相親處且相親。

樂陶陶，人生何必苦煎熬？百歲如春夢，萬事似秋毫。重茵怎似春風坐，列鼎争如陋巷瓢！甘吾拙，笑爾勞，得風騷處且風騷。

錦重重，四圍山色畫圖中。是處皆仙景，無日不春風。翠烟籠罩三家疃，緑水環流一畝宫。尋芳徑，曳瘦笻，得從容處且從容。

月溶溶，湖光映徹水晶宫。燦爛沉星斗，寂寞冷魚龍。山藏丹洞青蘿裊，石作琴臺翠蘚封。門常掩，路不通，得潛蹤處且潛蹤。

杳茫茫，周回十里水雲鄉。望日尋蓬島，乘月泛滄浪。追隨陶令白蓮社，嘯傲裴公緑野堂。三山帽，一葦航，得徜徉處且徜徉。

閙吵吵，甜言美語枉徒勞。再休提空口説空話，虚套原本作虚圈套。弄虚囂。生財那得唐劉晏？作論争如晋魯褒？休扎掙，自忖度，得開交處且開交。

黄鶯兒　四首

和氣暖原本卷三作轉天街，喜春風拂面來，東君笑擁嫦娥待。待字原本缺，據刻本補。香原本卷三作紅。馥馥滿原本卷三作兩。腮，嬌滴滴滿懷，冰肌玉骨非凡態。問仙臺，日邊紅杏，誰去倚雲栽？

瑞色繞蓬萊，散陽和下九垓，風光高出雲霄外。蕊珠宮閃開，瑶池宴早排，逍遥極樂超三界。醉仙臺，蟠桃當原本卷三作釀。酒，脱骨換凡胎。攜手步瑶堦，掃雲原本卷三作烟。霞四面開，閑看人海情原本卷三作愁。無耐。惜青春不來，嘆紅塵苦埋，總不如放浪形骸外。訪仙臺，劉晨阮肇，相伴着到天台。終日走塵埃，笑他行心性獃，眼睁睁多少成和敗。學時人揣歪，替别人守財，怎能勾滿把花枝戴？上仙臺，吟風弄月，誰似俺好胸原本卷三作情。懷！

折桂令 二首 環山别業

平泉莊千載稱奇，今也如斯，古也如斯。一登臨便索詩詞，山也堪題，水也堪題。對嵐光重重青紫，觀海市隊隊旌旗。淡菊疏籬，白酒黄鷄。醉也相宜，醒也相宜。

平白地樓閣千尋，天也無心，地也無心。兩三年萬柳垂陰，松也成林，竹也成林。村酒熟呼來便飲，新詩就醉後還吟。從此攜琴，幾度開襟。賓也知音，主也知音。

對玉環帶過清江引 初夏

萬柳千鶯，終朝不住鳴。一水孤清，通宵不斷聲。竹枕醉魔醒，松窗鶴夢驚。樓閣開明，疏簾透曉星。烟靄收晴，輕波漱晚汀。池塘倒入樓臺影，玉宇風初定。一輪淡月孤，萬里遥天静，恍疑是蓬壺方丈景。汪本首四句作：柳岸千鶯，終朝覞睆鳴。漁浦揚舲，通宵欸乃聲。

雁兒落帶得勝令　旅夕不眠

空堦上雨兒零，破窗紙風兒勁。悲鴻不斷頭，促織相隨趁。汪本隨趁作呼應搗練女弄秋聲，深閨婦哭長城。鐵馬兒簷前響，金鷄兒架上鳴。難聽，喬嗓顆無乾浄。閑争，老姚婆鬧到明。

鼓槌兒發死敲，云板兒連聲報；傳鑼的緊緊篩，汪本作雨珠兒緊緊傾。喝號的哀哀叫。汪本作雁陣兒哀哀叫。漏點兒絮叨叨，鐘聲兒鬧吵吵；破梆子無情打，響鈴噹捨命摇。難熬，捂着耳心中躁。通宵，蒙着頭睡不着。

雁陣來　即雁兒落帶得勝令　抗塵容

你休誇衣着新，俺不顯龐兒俊。灰培了兩道眉，土嵌了雙蓬鬢。積垢眼中昏，飛沙口内吞。面帶磚和色，形如泥塑人。望不斷烟雲，滿路迷魂陣。抖不盡埃塵，多年土地神。

前腔　走俗狀

鬆不開牛角絲，判不徹花闌票。踏穿了粉底靴，戴破了烏紗帽。恰纔個出西郊，又轉的上南橋。來往有三千遍，翻回勾八百遭。好教俺心焦，走不斷長安道。看了這軀勞，成不的老道學。

朝天子　八首　感述

老天，不言，能富貴能貧賤。饒君日日使威權，終有日天心變。行濁言清，機深見淺，到頭來難掙展。一年，兩年，根脚終須現。

鄙夫，利徒，今古無其數。青蠅白璧豈能污？未免成躭悞。磊落英雄，清修人物，前怕狼後怕虎。設謀，使毒，只待把忠良妬。

矯情，撇清，心與口不相應。誰家貓犬怕聞腥？假意兒粧乾淨。掩耳偷鈴，踢踢字原本缺，據刻本補。天弄井，露面賊不自省。醜聲，貫盈，遲和早除邪佞。

誑邊，弄諠，左右將人騙。聲言不要一文錢，旬日有千來串。百計彌縫，萬般展轉，弄藏拽圖倖免。鬼纏，苟全，反把清名薦。

感君，寡恩，水皮上抽一棍。蒼蠅趕上賣柴人，到底無滋潤。平白地生嗔，没來由下狠，不提防成禍本。您們，俺們，自有人評論。

爾曹，枉勞，恩怨何須較。疏疏天網不能逃，自有神明照。故舊之情，通家之好，正歡娱成懊惱。忖度，禍苗，爲只爲鴉翎鈔。

海翁，老通，時運到官星動。黄堂左右有威風，越顯的君恩重。天地無私，文章有用，保山河大一統。效忠，奉公，莫虚耗堂食俸。

怪哉，又來，公道猶然在。輕車熟路走塵埃，依舊民安泰。齋馬清風，甘棠遺愛，鐵船兒再渡海。揣歪，使乖，枉自把心田壞。

　唐馮元淑歷浚儀、始平二縣，單騎赴職，未嘗以妻子隨。所乘馬不飼芻豆，民號爲齋馬云。閩（閩字原本缺，據刻本補。）賈郁性峭直，不容人吏過。爲仙遊令，及受代，一吏酣酒，郁曰：吾再典此邑，懲此輩。吏揚言公欲再作縣令，猶造鐵船渡海也。後郁復典舊邑，時醉吏盜庫錢數萬具獄。郁批榜尾云：竊銅鏹以潤家，非因鼓鑄；造鐵船而渡海，不假鑪錘。因决杖徒之。未幾移福清，召爲御史中丞去。

仙桂引　壽賈柳溪

矮團標俯仰弄烟霞，閑世界從容數歲華，老場園美滿登禾稼。是柴桑處士家，傲霜枝菊有黄花。安樂處根基大，笑談間風韻雅，喜年年月映簷牙。小陽春景物清嘉，一水縈迴，萬柳楂枒。直幹穿雲，清波遶砌，幽鳥眠沙。共隣翁傳杯换斝，看稚子燒竹烹茶。洞裏丹砂，天上銀槎。放曠情懷，悠久生涯。

仙桂引　思歸

柳溪者，太守賈近皋伯翁也。河南嵩縣人，隱居鳴皋山下。植柳以千數，因以自號。余嘗爲柳溪翁小傳。

想當年怕盤弄這條蛇，笑往事都看成一夢蝶，覰行蹤恰便似風中葉。好功名少了半截，早抽身省去巴竭。猛想起冷清清竹籬茅舍，翠巍巍青山緑野，静沉沉洞府巖穴。静沉沉洞府巖穴，收拾起萬緒千頭，脱離了七嘴八舌。子俺這皓首南來，看了那黄河東去，急回頭紅日西斜。閙攘攘閑是非誰人待惹，急煎煎惡思量那會周折。不看眉睫，不下鍬钁。俺如今還待要順水推船，又只怕留不住下坂行車。

河西六娘子　十首　知止

兩字功名過耳風，抵多少傀儡場中。從今纔醒了黄粱夢。呀，衰鬢已成翁，大運幾時通？還守俺天生的一世兒窮。

兩袖清風精利兒光，抵多少衣錦還鄉。長江後浪催前浪。呀，烏兔走的忙，兒女趕的荒，戀不的功名紙半張。

閑上仙臺弄玉簫，抵多少一品隨朝。從今聽不慣花胡哨。呀，一曲碧天高，幾朵彩雲飄，把世上紅塵冷眼兒瞧。

椿桂堂中歲月深，抵多少一刻千金。離鄉背井圖他些甚？呀，你把酒兒斟，我把曲兒吟，骨肉團圓也遂了心。

七里灘頭把釣竿，抵多少拜將登壇。嚴光不夢着韓侯患。呀，博得原本作待，從刻本。你身安，争似俺心寬？事到頭來難上難。

水秀山明安樂窩，抵多少萬丈風波。忙時耕種閑時卧。呀，富貴待如何？朋輩已無多，相伴着漁樵唱一會兒歌。

海闊天空此景亭，抵多少樓觀飛鶩。山光水色都承應。呀，也不論公卿，也不問白丁，酒興來時開一瓶。

畫閣摇光碧玉湖，抵多少閬苑蓬壺。洞天載在神仙籙。呀，洗盞泛香蒲，切鱠打活魚，載酒的船兒今有無？

恰坐的三人一葦航，抵多少錦纜牙檣。隨波下去隨風上。呀，明月映滄浪，清夢到瀟湘，只在俺門前楊柳塘。

也有青山也有泉，抵多少陸地神仙。南村北疃沿門兒蹉。呀，酌酒瓦盆邊，矮坐地爐前，醉的俺齁齁不怕天。

塞鴻秋　乞休　二首

論形容合不着公卿相，看丰標也没有搊搜樣，量衙門又省了交盤帳，告尊官便準俺歸休狀。廣開方便門，大展包容量，換春衣直走到東山上。

坐時節顫巍巍高挑嚴陵釣，行時節咿呀呀遠泛山陰棹，悶時節韻悠悠忽聽的蘇門嘯，閑時節消停停遍採天台藥。石壇曬道書，童子看丹竈，那時節冷清清白没個人來到。

殿前歡　歸興　二首

想歸來，十年奔走困塵埃。何如散步雲林外，笑傲詼諧。窮通命運該，山水平生愛，詩酒尋常債。情懷浩蕩，浩蕩情懷。

自評論，功名富貴似浮雲。從來世路多危峻，禍福無門。青山且負薪，緑水好垂綸，白屋堪肥遁。乾坤有我，我有乾坤。

朝天子 四首 拔白

老儒，忒愚，白髮添憂慮。神仙自古有方術，擇日修將去。剪草除根，拔茅連茹，嘴兒光鬢兒禿。再鋤，越疏，濯濯似牛山木。

老君，教人，打扮的龐兒俊。編成吉日與良辰，弟子須尊信。返老還童，虔心有準，按仙方無走滚。一根，兩根，長的快拔不盡。

壽星，墨卿，白黑相攙并。就中檢點莫消停，强把額顱掙。下手猶難，端相不定，錯拔下三兩莖。猛驚，越疼，捽碎了青銅鏡。

細瞧，一毛，粧出商山皓。貴人頭上不曾饒，白髮惟公道。舊恨猶多，新愁不少，咬着牙撏不了。膚撓，目逃，硬死做重年少。

前腔 四首 烏鬚

費工夫染鬚，老先生弄虚，也不是天然趣。若將人品辨賢愚，不在這些兒處。墨汁塗金，烏霜掃玉，姜太公應笑汝。日居，月諸，搬運的朱顔去。

六十歲老哥，抹調他怎麽，反被人瞧破。真方傳與世人學，倒有陰功大。倍子爲君，銅花爲佐，皂白礬等分和。會合，量着，少許硇砂末。

絹羅兒細篩，瓷鉢兒爛捱，手腕兒多寧耐。重湯慢煮鏡光開，火候勤看待。取次賢勞，佳人休怪，畫眉的尚往來。粉腮，瑩白，也爲你淡掃春山黛。

起一個五更，水洗勾幾鉼，洗殺也無乾浄。雖然染蘸似鴉翎，面貌又不厮稱。展轉嗟咨，來回顧影，對菱花深自省。此形，本清，不做作還真正。

朝天子 六首 六友

老張，傷腔，豪氣三千丈。少年不住走科場，又早龍鍾樣。腿兒拖拉，腰兒慢仗，甚男兒當自强。面黄，鬢蒼，吃胙肉何曾胖。

老曹，氣豪，骯髒山林貌。麟經傳世好文學，使不慣宜時套。師道尊嚴，門牆清要，愛廬江風景好。勉學，苦熬，不負烏紗帽。

老周，好修，道理都參透。同門儒雅更風流，中歲方馳驟。冀北行臺，江南太守，論功名君占首。一丘，到頭，萬事方成就。

老鍾，古風，太朴今無用。文章道義總成空，枉兆丹山鳳。造物安排，時人搬弄，越尋思越懵懂。自從，廣宗，便做了南柯夢。

一川，命慳，筆力千人彥。天朝甲第有遺賢，宋玉多秋怨。北地蹉跎，南曹偃蹇，妙文章聲價遠。九泉，幾年，有子赴瓊林宴。

老徐，起予，有義氣多聲譽。弱齡同榜便齊驅，走不斷長安路。五馬勤勞，三饘清苦，名不登丞相府。受誣，解符，恨塞滿石村墓。

六友者，余兄弟束髮以來同門友也。書史筆硯無不同，小試科舉無不同。所不同者：余弟舉甲午科，登戊戌第；余與宋徐三人舉丁酉科，周舉癸卯科，登癸丑第，鍾舉丙午科。惟張曹二子，屢舉不第，相繼應貢出身；張爲柘城邑博士，曹爲廬州郡博士。余之判保定也，張以汰冗補定興，來謁余，嘆其不遇，而老將至也。因與坐而悉數諸友，皆彫喪矣！周爲御史，終于徽州太守。鍾爲廣宗令，徐爲霸州刺史，俱以忌者免官。宋爲博士，遷南曹司務，二年卒。四友者，或得志而失官，或不得志而失官，或不得志不失官而隕命。嗚呼！其數耶？其心有所不足耶？張曹雖未得科第，而老于儒官，亦自幸矣。余兄弟浮沉南北，淹滯歲月，竊升斗之禄，感時念舊，異地而同心也。余與張對酌，而口占此詞。酌罷，筆之於簡。

折桂令 四首

下第嘲友人乘獨輪車

問先生歸計如何？也不張旗，也不鳴鑼。小小車兒，低低篷子，款款折磨。踡的個腿偎腮軟癱做一朵，敦的個手搥胸世不得通活。怕待奔波，且謾騰挪，只落的兩眼迷離，四鬢婆娑。

問先生歸計何如？彈鋏長歌，莫嘆無車。錯認高軒，若非皂蓋，定是肩輿。剛離了冷飯店淒涼無語，又撞着打頭風灌滿蘧廬。仰面嗟吁，搔手踟躕。一任他蓬轉天涯，怎能勾席捲長驅。

問先生何計存身？束手無謀，舉目無親。何處攀轅，幾時攬轡，甚日埋輪？那壁廂晙不上丢不下殘書亂綑，這壁廂死不死活不活瘦骨嶙峋。纔待舒伸，又怕偏陳。受不過硬氣車夫，快不的冷眼家人。

問先生何處安歇？剛要寧帖，又上搖車。休説才華，莫談星命，總是饒舌。赤緊的狀元花狀元紅讓了人也，安排着將軍來將軍去怎肯虧折！未了的冤業，終有個結絕。投至得捲土重來，那其間再辨龍蛇。

對玉環帶過清江引 四首

訪宋一川

今古名標，雲臺千丈高。社稷功勞，天門萬里遙。綵筆懶題橋，金鈎怕釣鰲。鳳髓龍膏，饑時吃不飽。豸繡麟袍，醉時卧不倒。春來何處無芳草？日日堪行樂。纔下木蘭舟，又上花藤轎，喚遊人數聲林外鳥。

兩袖清風，生來眼界空。萬丈長虹，從來志氣雄。對面不相逢，寸心誰與同？學就屠龍，難成世上功。騎上飛鵬，難逃眼下窮。饒君才學過晁董，且守着黃虀甕。高山結舊盟，流水牽清夢，愛烟霞常將路兒擁。

笑倚胡床，杯浮雲日光。醉枕奚囊，衣沾花草香。蝶夢繞黃粱，鶯聲下緑楊。儘我疏狂，乾坤戲一場。看你窮忙，功名紙半張。柴門有客來相訪，銷繳些閑情況。揮毫王右軍，漉酒陶元亮，野花兒大開頭同玩賞。

饒你天才，青春挽不來。饒你仙胎，白頭撇不開。對景且忘懷，傳杯不住釃。聲價高擡，由他心性乖。蹤迹沉埋，由咱心性獃。數椽茅屋簷兒矮，落得個閑身在。風花雪月間，利鈍窮通外，熬盡了繁華千萬載。

朝元歌 八首 春遊

花枝柳枝，牢把春心繫；鶯兒燕兒，喚得遊人至。粉黛三千，樓臺十二，這的是洞天福地。玉女仙姬，天台武陵在那里？受用是便宜，勞形待怎的？醒而復醉，才是俺安身活計。

花梢柳梢，豔冶章臺道；千嬌百嬌，嬝娜傾城貌。淡抹濃粧，輕嚬淺笑，迤逗殺五陵年少。忙解金貂，銀屏影遮絳蠟燒。夜夜鬧元宵，時時醉碧桃。百年長嘯，誰承望九重宣召。此首南宮詞紀題作閑情。

花叢柳叢，處處相遮擁；詩朋酒朋，日日廝和閧。彩筆留題，金尊高捧，好把閑愁斷送。醉眼朦朧，蓬萊咫尺無路通。酒到飲千鍾，筵前一點紅。浮生如夢，勞碌了成何大用？汪本作勞碌了竟成何用。南宮詞紀同。此首南宮詞紀題作閑情。

花英柳英，沾惹風流興；雲情雨情，慣使疏狂性。問俺不言，勸咱不省，怎下的虧心短行？孤負芳卿，別離的話兒不待聽。錦片好前程，如同火上冰。今宵歡慶，便是俺三生有幸。

花妍柳妍，嬌染春風面；人圓月圓，同赴瑶池宴。水陸俱陳，笙歌齊按，一會家參詳一遍。

今古流傳，英雄豪傑都枉然。花裏遇神仙，酒中樂聖賢。風光無限，都只在鞦韆庭院。花遮柳遮，深院黄昏月；雲疊錦疊，暖閣青春夜。曲盡同乾，酒寒再熱，只吃的玉山趔趄。東倒西斜，原本西斜作西欹。此處應叶韻，據汪本改。紅裙手扶嬌又怯。世路下坡車，名韁纏腿蛇。閑中嘆汪本作生。業，再不想封侯功烈。

花陰柳陰，滿地鋪雲錦；更沉漏沉，良夜貪歡飲。耍笑如狂，流連未寢，一點香腮紅沁。越展胸襟，時人怎知方寸心！酒盡且重斟，春歸何處尋？無拘無禁，貪戀那功名做甚！此首南宮詞紀題作閑情。

花街柳街，風月隨時賣；陽臺楚臺，雲雨連年債。愛重如山，情深似海，一刻千金難買。分付多才：青春一去不再來。且把錦心埋，常將笑口開。榮枯利害，丢搭在九霄雲外。此首南宮詞紀題作閑情。

玉交枝　八首　閑適

春風秋月，送年華何曾斷絶？任飄飄休把紅塵惹，得團圓莫遣雲遮。花香輕颺竹影斜，柳絲摇曳湖光潔。斷閑人權靠後些，喜孜孜先生到也。

清風明月，伴幽人三個俊傑。喜相逢幾度中秋節，料陰晴費盡週折。紛紛敗葉滿地踅，迢迢良夜圓光缺。斷閑愁權靠那些，樂陶陶先生醉也。

光風霽月，好襟懷天然自別。對青山緑水甘疏拙，傲今古多少豪奢。饒他機巧三寸舌，難移一點心如鐵。斷紅塵權靠外些，淡呵呵先生笑也。

嘲風咏月，滿腔春無有個盡竭。儘開懷對景隨心寫，論甚麽筆底龍蛇？花枝低亞雲錦叠，海棠零落胭脂雪。唤紅裙權靠這些，困騰騰先生睡也。

風來月上，共徘徊勸咱舉觴。玩湖山陶寫閑情況，是不是塞滿詩囊？九秋飄墜桂子香，三春掀起桃花浪。問行藏江湖廟堂，費神思沉吟半晌。此首南宮詞紀題作閑情，下首同。

風亭月館，惜年芳千金買歡。畫屏掩映芙蓉幔，龍涎香爇金盤。低回星斗夜色闌，高燒花燭春雲暖。錦重重紅圍翠攢，韻悠悠鸞簫鳳管。

風情月貌，管别離章臺柳條。落紅滿地無人掃，更那堪緑野烟銷！三湘雲盡雁影遥，五陵人困鶯花老。簌珠簾誰破寂寥？鎖瓊窗孤眠未曉。

風前月下，覓幽期何曾見他。黄鶯兒提着名兒駡，粉蝶兒飛過誰家？青春飄蕩南詞韻選飄蕩作亂飄。楊柳花，黄昏冷落秋千架。業身軀争些兒害殺，乾相思百無個治法。

玉抱肚 四首 幽居

山青水緑，染生綃天然畫圖。占汀洲一段秋光，更白蘋紅蓼黄蘆。浴鳧飛鷺蘸平湖，五色粧成錦繡鋪。

山明水秀，錦重重那有個盡頭。愛登臨獨步閑行，每日價蕩蕩悠悠。海邊縱放釣魚舟，不是金鰲不下鈎。

山圍水繞，抱村居遮護了一遭。看兩輪日月交輝，喜白雲翠靄飄飖。年年飽暖頌唐堯，歲歲疏狂託聖朝。

山村水舍，敞柴門紅塵斷絶。矮簷前平野相連，閑亭下魚鳥盤趄。機心已盡利名竭，相對浮鷗没話説。

玉芙蓉 四首 山居雜詠 南宮詞紀題作山居四時漫興。

茅簷燕壘合，柳色鶯穿破，問山妻新投濁酒如何？疏籬半缺遊絲過，片月斜沉花影拖。新來瘦，詩魔酒魔，俺只待樂陶陶不離懶雲窩。

平疇麥浪匀，曲水荷風潤，慣疏慵閑掛羽扇綸巾。北窗高卧常蓬鬢，洞口尋幽汪本作花不抱琴。盤桓處，松陰竹陰，俺只怕等閑間虛負紫芝心。

天空雁字懸，水落沙痕淺，過南鄰不覺醉了陶潛。黃雞白酒家家勸，紫蟹金鱗日日鮮。柴門外，山田水田，俺只愛遠紅塵學作地行仙。

千山鳥道無，萬徑人蹤阻，滿乾坤惟有依舊平湖。神仙迷却三山路，烟月分開八景圖。團標內，茶爐酒爐，俺只道海波中現出小蓬壺。

朝元歌 四首 山中客至 南宮詞紀作述隱，太霞新奏作閑適。

山光水光，寫出瀟湘樣；詩狂酒狂，演就江湖量。小小扁舟，與波下上，汪本作隨波來往。南宮詞紀、南詞韻選、太霞新奏同。眼底乾坤蕩汪本作溶。南宮詞紀、南詞韻選、太霞新奏同。漾。星斗低昂，雙裾捲成風月囊。雨過輞川莊，雲生綠野堂。合高情相南宮詞紀、南詞韻選、太霞新奏作見。訪，休負了酒懷詩況。

攜取隨身藜杖，行過芳草塘，步步惹花香。得句拈鬚，咨嗟嘆汪本作欣。南宮詞紀、南詞韻選、太霞新奏同。賞，忽聽村童嘲唱。一曲滄浪，爭如爾曹信汪本作隨。南宮詞紀、南詞韻選、太霞新奏同。口腔！閃脫是非場，登開名利韁。合前。

收攬烟霞色相，危峯下夕陽，汀蓼纜孤航。醉伴鷗眠，夢驚漁唱，回首東山月上。千頃流光，神游廣寒桂影汪本桂影作仙桂。南宮詞紀、南詞韻選、太霞新奏同。涼。俯仰自成雙，徘徊再舉觴。合前。

睡穩梅花斗汪本作孤。南宮詞紀、南詞韻選、太霞新奏同。帳，醒來日半窗，身世兩相忘。旋釣河魚，新篘村釀，常把眉頭開放。散步徜徉，神仙已傳不老方。買斷水雲鄉，相鄰蓬島傍。合前。

駐雲飛　四首

秋日偶成

小小涼亭，高捲湘簾露氣清。遠水連天净，片月當窗正。嗏，敗葉舞閑庭，一派秋聲。宿雨初收，幾點殘霞映，四面山光冷畫屏。

小小琴臺，松竹交陰鎖翠苔。緑綺依然在，白雪誰能解？嗏，不見子期來，空負南宮詞紀作自幽懷。幾度攜樽，獨自無人待，坐對芙蓉水面開。此首南宮詞紀題作秋興。

小小漁船，只在烟波七里灘。潮落魚龍堰，霜老菰蒲岸。嗏，占斷水中天，盡日流連。飲罷香醪，再把魚兒換，遥指江村舉釣竿。

小小方塘，石榻花陰午夢涼。一幅羅紋漾，萬顆瓊珠上。嗏，水面奏絲簧，調轉清商。何處白衣，遠送葡萄釀？笑倩佳人洗玉觴。

沉醉東風　四首

繕室

數十年遮風庇雨，兩三世閉户讀書。若不是墻堵攲，怎忘了藏修處，記尋常變化龍魚。燕子歸來覓舊居，還認着先生做主。

莊嶽間先開故里，環堵内再整新基。雖然是蝸殻軒，穩便似螭頭陛，行坐處戀土難移。子子孫孫永保之，這答兒安然到底。

也不羨雕梁畫斗，也不羨紫閣朱樓。人都要所事强，俺子待胡將就，甚的是萬載千秋？仔細思量算到頭，單看您兒孫謹守。

矮簷楹無罣無礙，小庭除閑往閑來。雖無臺閣崇，却有胸襟大，喜相傳家世清白。椿桂堂前好種槐，滿院宇濃陰秀色。

水仙子　四首

偶題

䌯麻窩呼作賽朝鞋，土炕頭安如拜將臺，綿布袍暖似飛魚袋，是前生帶得來。小軒窗眼底蓬萊：雲結就香羅帶，雪粧成白玉堦，非是俺巧立名色。

蒼松職掌大夫權，翠竹名標君子賢，寒梅要遂調羹願，鼎立在斗室邊，伴幽人自在安然。藏錦繡書千卷，吐珠璣詩百篇，也算做富貴雙全。

黄金臺下是非多，白玉堂中分福薄，青雲路上時辰錯，好前程有絆磕。急回頭十里烟波，相伴着漁翁坐，閑隨着牧豎歌，且權將歲月消磨。

會談天跳不出一空囊，會論地挨不開四堵墻，會騰雲闖不過千層網，總不如不會强。見如今世道非常，他不放來生帳，俺又無隔宿糧，老先生未卜行藏。

柳摇金 四首

風情

風花雪月，破工夫耍笑些，不受用是癡呆。嘆光陰千里馬，想人生一夢蝶。好天良夜，休負了好天良夜。急回頭斗轉參斜，酒杯兒到手都休撤。醉了的時節，只落的耳輪兒常熱。南宫詞紀題作閑情，下首同。

春花秋月，不多時景别，疾似下坡車。恰花朝香韻杳，又月夕清影斜。東風惡劣，花正好東風惡劣。月才圓忽被雲遮，最難消一刻千金夜。悶了的時節，唤紅梅把酒爐兒燒熱。

惜花愛月，芳心嬌又怯，兩件兒費周折。一春常起早，到晚來剛睡些。盈虧開謝，終有個盈虧開謝。忽剌八玉兔西斜，怕只怕御水流紅葉。困了的時節，你且把被窩兒温熱。羞花閉月，天然風韻别，又何必羨驕奢？麗春園不掛眼，廣寒宫靠後些。閑評優劣，俺也曾閑評優劣。他比花添了些乜斜，月比他少欠了風流業。見了的時節，纔顯的知疼知熱。

倚馬待風雲　四首　悼琴仙

想像仙娃，不與塵凡共一家。白雲古洞，明月清風，流水桃花。天台深處鎖烟霞，劉郎採藥迷歸駕。嫦娥閉月華，攔回銀漢槎，再不見乘鸞下。嗏，何處覓仙娃？自嗟呀，萬恨千愁，病體難擎架，悔不當初不遇他。

想像仙姿，秋水芙蓉第一枝。天然標格，改樣風流，分外清奇。腰肢輕裊海棠絲，鬢髮半嚲秋蟬翅。花開風亂吹，花落春又歸，揾不住看花泪。嗏，何處覩仙姿？自傷悲，盡日忘餐，長夜難成寐，一日相思十二時。

想像仙裳，繡帶悠揚錦瑟傍。一雙彩袖，六幅鮫綃，千縷霞光。步摇玉珮響叮噹，笑攜羅袂香飄蕩。餘香在洞房，悲風繞畫梁，冷落了梅花帳。嗏，何處挽仙裳？自思量，萬里江湖，一簇千層浪，卷三重出者作網。不似悠悠此恨長。

想像仙音，素壁空懸緑綺琴。冰絃已斷，焦尾無聲，玉指難尋。高山流水暮雲深，碧桃紅杏荒苔蔭。文君病已沉，相如惱碎心，琴臺上空擲窨。嗏，何處聽仙音？自沉吟，瓶墜簪折，水把藍橋浸，夢斷高唐淚滿襟。

二犯月兒高　八首

閨情　八首　吴騷合編題作閨怨。南宮詞紀録第一、三、五、八首，亦題閨怨。

小院香風過，疏簾淡烟鎖，舞倦垂楊綫，飄盡梨花朵。懊惱南宮詞紀、吴騷合編作恨。今春，偏把俺折挫，腰肢瘦小瘦小些兒個。見了憔悴形骸，心疼殺可意哥。哥，喬樣兒託誰學？一似皓月難圓，減容光夜夜磨。

紅粉多薄命，青春半殘景，人去瑶臺怨，花落胭脂冷。裊娜腰圍，强把繡裙整，虧鞋淺印淺印南詞韻選、吴歈萃雅不疊。殘紅徑。正當三月韶光，倚闌干無限情。情，離別幾曾經？再來扯住衣衫，影兒般不離形。此首及下第五首吴歈萃雅誤楊斗望作。

歌罷桃花扇，粧殘翠雲鈿，恨壓春山重，淚滴秋波淺。寶鏡塵蒙，何曾覩顔面？知他那裏那裏貪歡宴，撇的我短嘆長吁，聲聲祝願天。天，靈感鑒盟言。不記的耳畔叮嚀，枕頭兒作證見。

夜夜閑惆悵，時時細思想。才離心窩内，又到眉尖上。萬恨千愁，還不了寃業帳。多情自古自古多磨障，空有翠繞珠圍，總不如薄倖郎。郎，遊蕩在何方？縱有野草閑花，虚飄飄不四吴騷二集作思。行。

月缺重門静，更殘五夜永，汪本作香消漏聲永，南宫詞紀、南詞韻選、吴歈萃雅、吴騷合編同。手托芙蓉面，背立梧桐影。瘦損伶仃，越端相南宫詞紀端相作覷，南詞韻選、吴歈萃雅、吴騷合編同。越孤另。抽身轉入轉入南詞韻選、吴歈萃雅不叠。房櫳冷。又一個畫影圖形，半明不滅燈。燈，花燭香無憑，一似靈鵲兒南宫詞紀無兒字，南詞韻選、吴歈萃雅、吴騷合編同。虚梟，喜蛛兒不志誠。

門外雕鞍邁，鏡中玉容改。扯碎合歡被，剪斷同心帶。鳳拆鸞分，端的是愁無耐。良吴騷合編作那。人流落流落天涯外。悄没一紙書傳，空留下啞謎兒猜。猜，没亂殺女裙釵，但得個信息真實，來不來也放懷。

遠樹寒蟾下，長空凍雪撒。風動流蘇帳，冷透凌波襪。夢兒裏温存，熱突突都是假。醒來提着提着名兒駡。兜的俺惱亂柔腸，閃殺人只爲他。他，一迷的使虚花。想的他一脚兒回來，實心兒吴騷合編無兒字。不到家。

玉宇明河漫，瑣窗朔風凛。展轉蝴蝶夢，寂寞鴛鴦錦。閣淚汪汪，長夜捱孤枕。從來不似不似南詞韻選不疊。今番甚。都因一片閑愁，生趷查南詞韻選作生擦擦。惱碎心。心，害得死臨侵，欲待再不思量，急煎煎怎樣南詞韻選作地禁？以上俚曲，石門樂府載之，乃山中舊作也。後數曲在郡作，將歸田矣。因附。

醉太平　八首　庚午郡廳自壽

一千里故人，六十度生辰，天涯聚會慰情親，嘆光陰滚滚。乍相逢幾度看衰鬢，自離別數載無音信，喜團圓今日倒清尊，不覺的夜分。

手接着壽巵，口念着新詞，今年還似去年時，笑依然在此。青雲汪本作春。已負平生志，黄花不管閑人事，滄洲長繫故鄉思，憶商山採芝。

新按院慶都，舊鹽院安肅，南來北往急奔趨，滿身間是土。兩頭恐犯尊官怒，一時顯把生辰悮，三杯又怕故人疏，夜深沉秉燭。

五更頭上堂，三廟裏行香，虔誠默祝訴衷腸，一心呵敬仰。聖人耶保佑俺文詞壯，城隍耶保佑俺家門旺，地靈耶保佑俺一身康，比年時更强。

傳來的羽檄，報到的聲息，分明打攪好筵席，全無些道理。緊催兵馬臨邊地，廣儲糧草隨營隊，笑談尊俎退强敵，仗朝廷德威。

正管着府廳，又署着滿城，忽然夜半報邊聲，自披衣點燈。飛星迅速傳軍令，嚴城倉卒修軍政，通宵誰敢悮軍情，壽筵呵且停。
能賦詩退虜，且閉閣修書，誰知文武有吾徒？論全才敢許。天公自有英雄録，朝廷也有功勞簿，書生還有護身符，常措身坦途。
幾番家告休，只固的攀留，又防水旱又防秋，怎能勾撒手？慌裏忙裏延年壽，茶裏飯裏邀朋舊，風裏雨裏且低頭，得安閑便走。

海浮山堂詞稿卷三

擊節餘音 散套

南 二犯傍粧臺 旅況 吴騷合編題作旅思，南宫詞紀同。

恨匆匆，一鞭行色片時中。到今記不的吴騷合編作到今空記着。臨行話，想不起别時容。影孤惟有青燈對，夢斷纔知翠被空。合穿窗月，透隙風，一般清冷各西東。吴騷合編作：穿簾夜月，敲窗曉風，可憐清冷各西東。

【前腔】恨重重，不知何處覓行吴騷合編作芳。蹤？多應淚似三江水，愁鎖吴騷合編作愁鎖着。兩眉峰。香銷蘭麝金爐冷，玉減腰圍繡帶鬆。合前。

【不是路】見面無從，廢寢忘餐百事慵。添悲痛，捱不過長夜如年盼曉鐘。眼朦朧，卧看巫山十二峯，望藍橋無路通。要相逢，枕邊少個風流種，錦衾誰共！錦衾誰共！原本不叠，兹從汪本作叠句。吴騷合編、南宫詞紀同。

【掉角兒】聽不上凛冽悲風，聽不上嘹嚦哀鴻，聽不上畫角悠揚，聽不上簷鐵丁東。聽不上汪本無此二字，南宫詞紀同。響當當、驚好夢，冷清清、和淚滴，銅壺聲送。合凄涼一弄，離愁萬重，望雲山天涯咫尺，此恨無窮。

【前腔】盼不到倚翠偎紅，盼不到酒釃花穠，盼不到水月流光，盼不到烟霧空濛。盼不到碧紗窗、青玉案，捲湘簾、看楚岫，金鈎雙控。合前

【尾】幾回夢裏厮和鬨，單等歸來兩對同，千里神交非吴騷二集作豈。是空。

二犯傍粧臺套不是路、掉角兒、尾等曲與吴騷合編相異頗多：

【不是路】……添悲痛，漫將心事問長空。怪飄蓬，巫山十二連雲凍，路隔三千棹未通。擔愁重，枕邊少個風流種，錦衾誰共！錦衾誰共！

【掉角兒序】淅零零堦前候蛩，嗚咽咽角聲三弄，嘹嚦嚦樓頭塞鴻，韻悠悠曉鐘聲動。好一似怨孤鸞、傷別鶴，叫哀猿、泣麟悲鳳。（合）凄涼萬種，雲山幾重？望鄉關，天涯咫尺，別恨無窮。

【前腔】想當初情投意濃，到如今一場春夢，甫能勾那步步追隨，只落得這心心珍重。多應是，前生緣、今生債、命中該、將人磨弄。（合前）

【尾聲】望天公，憐哀控，願歸去滕王風送，看取春時挹翠紅。

南 步步嬌 寄情

暮雨朝雲成虛幻，枉把佳期盼。高唐事杳然，夢斷襄王。鈎惹芳心亂，要寫錦花箋，耳邊廂留不住天邊雁。

【鎖南枝】離別苦，行路難，回頭阻隔千萬山。孤影有誰憐？清尊有誰勸？教我好難消遣。想的俺情牽，想的俺肝腸斷，想的俺心邪，想的俺神魂倦。衾也寒，枕也寒，窗又寒，燈也照孤寒。

【香柳娘】望迢迢路遠，望迢迢路遠，一聲長嘆，離愁滿懷，如何不怨！急煎煎意懸，急煎煎意懸，拆散並頭蓮，分開交頸鴛。撲簌簌淚連，撲簌簌淚連，也是俺年災月限，緣薄分淺。

【園林好】忘不了花容月豔，忘不了酥胸粉面，忘不了拈香發願；忘不了耳邊言，忘不了醉中天。

【江兒水】想起他風流態，有萬千，吹彈所事都靈便。解舞腰肢嬌又軟，怎當他不住秋波盼。誰似他言談舌辯？生爲多才，每日價不茶不飯。

【僥僥令】望眼爲誰穿？淚點爲誰彈？一霎兒作念千千遍，巴不的有情人到枕邊。難捱衾似鐵，怎遣夜如年。恨殺漏永更長聲不斷，好似滴壺銅海水添。

【尾聲】新詞權當音書轉，多囑付青鸞黄犬，是必的拜上花仙。

南　集賢賓　閨思

吴騷合編、南宫詞紀題作秋思。

離愁滿天没處躲，下香堦權當騰挪。離了重昔昔鹽作香。幃還較可，見牛郎阻隔銀河，空耽寂寞。眼睜睜一邊一個，他和我，百般的離不了愁窩。

【前腔】青山淺描雙黛鎖，向天邊望斷秋波。遠樹寒空烟淡抹，畫眉郎那答兒磨陀？青春擔閣。要相逢陽臺一樂，無結果，糊突夢當甚麽嘍囉！

【黄鶯兒】烏兔轉如梭，急煎煎把俺磨，一年好景都零落。風兒寒奈何，雁兒叫怎麽？雨絲兒哨的窗兒破。冷呵呵，香腮紅沁，只疑是醉顔酡。

【前腔】瘦影伴嫦吴騷合編作姮。娥，呆答孩怎動挪？幾椿兒慣把人折挫。疏刺刺帳羅，虛空空被窩，凄涼涼吴騷合編作慘凄凄。長夜捱不過。眼强合，難禁枕冷，又添上淚痕多。

【琥珀貓兒墜】雲鬢重整，宫樣綰青螺。何日粧臺展翠蛾？幾時繡榻兩情和？因他，悄一似倩女離魂，病染沉痾。

【前腔】扁舟閑繫，盡日漾金波。水冷霜清舞敗荷，江湖滿地一漁簑。蹉跎，却不道孤負幽期，對景吟哦。

【尾聲】四時光吴騷合編作好時光。景堪行樂，百歲芳春有幾何！及早回還錦繡窩。

南 黄鶯兒 勸色目人變俗

中國有戎狄，遡傳流自古昔，華夷一統承平世。吃的好食，穿的好衣，進門來一陣臊狐氣。細尋思，試虚心勸你，休發犬羊威。

【前腔】暇日會親識，狗西番坐上席，五湯三割全不覷。手托着蛋皮，口嘶着蛋吃，蘸白鹽解不了雞腸氣。有差池，對青天發誓，拍口吃猪脂。

【不是路】堪嘆回回，生不惺惺死着迷。難存濟，不信陰陽不請醫。愛家私，顧不得衣衾不整齊，下場頭只自知。現放着有幫無底千家器，是何家禮？

【掉角兒】望西方天遥路迷，在中原看生見死，總不如隨鄉入鄉，早做個子孫之計。再休提塔不刺、散不撒，答兒麻、哈兒哇。腥膻滋味，清齋難記，徒勞受饑。最難熬千金一刻，星月圓時。

【前腔】讀的是孔聖之書，且收拾梵經胡語；穿的是靴帽羅襴，打疊起纏頭左髻。再休提猪爹爹、狗奶奶，胡姑姑、假姨姨。腥膻遺類，更名换字，用夏變夷。勸伊行還同中國，一樣行持。

【十二時】移風易俗非虛語，出谷遷喬爾自思，休把良言作戲詞。

南呂一枝花　嘲友人試琴

也曾將百體篆填滿龍鳳箋，也曾把一腔春點作昆蟲畫，也曾扳萬丈梯探月窟，也曾搦三寸斧砍天葩。高手名家，團弄的琴心怕，搬調的風韻滑。止不過古流傳一派仙音，又打上巧做作千般指法。

【梁州】你試將花閃閃的錦囊兒寬褪，俺索把玉纖纖的銀甲兒安插，不由俺一雙妙手齊齊下。一壁裏抹挑勾剔，一壁裏吟猱撞打，一壁裏往來綽注，一壁裏滚拂潑刺。則俺這手腕兒不識住受了波查，則俺這指頭兒不移時告了消乏。揑挪了雁足蜂腰妙相兒可誇，摸挲了蛇腹牛毛斷紋兒非假，打量了龍池鳳沼闕眼兒堪拿。枕他，抱他，怎下的一霎兒墻頭上掛。下手裏擰，上手裏掐，兜的個百樣聲音背不的咱，罷了也三弄梅花。

【尾】人都道攛行貨眼前新宜時所事堪抬價，俺則道傳世寶天生舊見廣經多自掩瑕。他是個古的兒怎與時俗品高下，者麽您撥弄的拍滑，丢答的手乏，使一個訪友攜琴賣乖法。

琴友郭茂才，納姬名梅花。揮之非愜，遣之弗果，因以琴嘲焉。郭善篆隸法，畫草蟲。

中呂粉蝶兒 李争冬有犯

錦繡叢中，隨葫蘆也曾打鬨。俺也曾駕孤航湖海飄蓬，也曾步瑶京、攜玉手、乘鸞跨鳳，也曾伴嫦娥身在蟾宫，也曾泛桃花誤入武陵仙洞。

【醉春風】但有個詩朋酒友共開尊，少不得倚玉偎香珠翠擁。他那裏倒身下拜笑相迎，我這裏也拱，拱。受用些花徑鶯歌，蘭堂燕舞，松窗鶴夢。

【紅繡鞋】怕的是村沙懵懂，喜的是剔透玲瓏。但遇着拿班做勢是相衝，使盡了氣力兒扭，也挾着膞項兒雄，只因俺好性兒使不的猛。

【滿庭芳】見了那行家不同，丰姿典雅，禮貌謙恭。把似你做喬腔怎得人知重，惹釁招風。又不是賽名花貂蟬愛寵，又不是鎖春風銅雀深宫，又不是襄王夢。巫山翠聳，人在最高峯。

【耍孩兒】只因他鬢邊半露雙釵鳳，鈎引的行人簇擁。春心飄蕩逐西東，元來是浪蝶狂蜂。顛狂體態如飛絮，浪蕩腰肢似轉蓬，長街短巷鑽人空。騎着頭木驢兒戳磣，戴着個罨眼兒粧聾。

【十五煞】敗風俗情怎饒，壞綱常法不容，須不是平地干戈動。饒他海闊魚投網，一任天空鳥入籠，没來由倒往高枝送。俺則道雲泥間隔，誰承望魚水和同。

【十四煞】老鴉兒一樣黑，窩狗兒一攢風，蓮花盆打在荷花甕。自古道除了當行都是離，拿到當官也是空，一家兒怎着他人弄？謹按着九宫八卦，認定了六弟三兄。

【十三煞】乾人情面皮薄，冷衙門法度鬆，乾坤上下成何用？那廝每龍蛇不辨傷王化，這廝每貓鼠同眠玷士風，喬相識廝和鬨。見面錢花銀十兩，答賀禮水酒三鍾。

【十二煞】又無升斗才，又無尺寸功，毛椽兒怎做雕梁棟？龜頭逞起心中大，鱉蓋掀開腹内空，料應走不出矬腰甕。等的你頭兒搖了，敲的你蓋兒生疼。

【十一煞】也不論短共長，又不知吉與凶，到晚來做了個瓜蘿夢。床前拖下三魂喪，枕上揪來四鬢蓬，猪毛繩牽出花胡洞。赤緊的項圈兒怎解？紐扣兒難鬆。

【十煞】牽不上窟窿橋，剜不出混腦蟲，前呼後擁相隨從。兩行排列貔貅士，八字分開虎豹叢，一齊下手將人弄。那幾位好哥哥幫襯，看一眼小妹妹着疼。

【九煞】拶指兩頭齊，批頭一片紅，兩般兒任意隨身用。筋連十指鑽心竅，血染雙臀入子宫，皮開肉裂花心動。這其間破了的誰補，綻了的誰縫？

【八煞】初來不詑生，嘗新不犯重，幾乎險把殘生送。説不的肉賤骨頭貴，避不的人生面不同，精皮膚到處人摩弄。戰兢兢聲如酒噤，跳梭梭手似茶風。

【七煞】黑洞洞門墻不見天，密匝匝荆棘不透風，枷杷吊鎖難移動。白日價傷心舉眼無親故，到晚來饒命連聲叫禁公，亂紛紛多少囚徒共。趁着個就地滾的官鋪，巴着個等飯吃的窟窿。

【六煞】叫一聲取口詞，畫十字填草供，滿堂人吶喊如雷動。小牌子一十還較可，大牌子二十越覺疼。撒花蓋頂程程重。掙了個鯉魚跌脊，滾了個蝴蝶翻風。

【五煞】只爲你將磚要比天，是鬼刮陣風，稍螞蚍展作丹山鳳。賴蝦蟆出水金精獸，屎蜣蜋巴山鐵爪龍，麻蒼蠅也把神童弄。元來是三變化的白鮓，兩倒手蛆蟲。

【四煞】又不是嶺頭梅，又不是澗底松，又不是高岡修竹棲鳴鳳。怎似得歲寒三友人争羡，晚節孤芳誰與同？毛條兒敢把輕薄弄。眼見的飛花隨水，幾曾有敗葉争冬。

【三煞】謊花兒世不香，鬧枝兒似草蓬，蘖嗓兒苦李如何用。磣科兒那得好結果，歪根子全無豔冶容，生生的辱没殺桃源洞。也不是中吃的果子，元來是希爛的衏衕。

【二煞】又不是平頂黃，又不是雁過紅，似這般低種誰人種？成不的模樣實難賣，上不的臺盤總是空，眼兒酸蜇的牙根痛。你家有鑽核秘法，誰理論擲果淫風？

【一煞】我道你有眼不見機，無才只死充，那些兒知高知下知輕重。再休提見鸞識怪人擡獎，全不想做小伏低自弄窮，爲甚麼扯着拉着人不動？下顧你似靴筩裏摸腿，攀援俺似食店裏回葱。

【尾】忍疼換曉粧，含羞整舊容。一尿胞打醒了胡都夢，從今後再休將大氣兒捅。

官妓李争冬，恃姿容驕怠。嘗騎過市，遇縫掖不爲意。怒付之官，官不能理。士人聞于內，傳令杖之。自後此輩知謹畏云。

般涉調耍孩兒　十自由

天官賜福宣章奏，遥望着金門稽首。欽尊聖旨莫遲留，把閑人一筆都勾。身心耳目都安泰，手足腰胱得自由，到今纔是閑時候。一個個從吾所好，一個個慎爾優游。

【十煞】身呵報君恩不憚勞，振家聲不外求，十餘年贏得龐兒瘦。一生勤苦消磨盡，兩字功名歸去休。流行坎止無差繆，遠離塵網，高卧林丘。

【九煞】心呵意懸懸不自安，急煎煎無限愁，愁的是爲民爲國無昏晝。十分如意難爲福，少不應心便是仇，把心腸使碎了乾生受。俺如今何思何慮，無惱無憂。

【八煞】頭呵從來怕見風，虚眩不耐秋，爲甚麼到家中緊把衡門扣？再不去長安道上頻回首，也不向文武班中三叩頭。戴的是綸巾箬笠天然秀，把烏紗帽請起，將展翅兒權收。

【七煞】眼呵望君門天又高，盼家鄉淚暗流，看文書一夜一個三更後。看了那招詳輕重難服罪，覷了那人面高低懶待瞅。看不上參的透，把似那京塵迷目，爭如這野景凝眸？

【六煞】耳呵不平言懶待聽，耳不聽心不憂。勞勞攘攘龍蛇鬥。一個家喬聲顙氣情難忍，一個家美語甜言話不投。論理法難聽受，總不如粧聾塞耳，一任他呼馬呼牛。

【五煞】口呵濕津津皮裹纏，硬邦邦到處謅，每日間念條説款歪窮究。一會家噙唇左嘴喬粧碜，一會家張口巴舌不害羞。這些時打疊起閑聲嗽，一任他淘乾了氣顙，叫破了咽喉。

【四煞】鬢呵許多時白似霜，一時間黑似油，硇砂銅末安排就。事從忙裏尋刀鑷，狠上心來着手揪，疼不過精皮肉。近新來蒼顔有喜，白髮無愁。

【三煞】手呵檢行移無了期，弄刀筆不斷頭，指尖兒酸困了難禁受。一壁廂忙汪本作難。把文書判，一壁廂常見角帶搊。至如今高抄起雙袍袖，若要揎拳露掌，除非是把釣垂鈎。

【二煞】膝呵見官人軟似綿，到廳前曲似鈎，奴顔婢膝甘卑陋。擎拳曲跽精神長，做小伏低禮數周。俺如今出門兩脚還如舊，見了人平身免禮，大步擲搜。

【一煞】足呵任高情行處行，趁閑時走處走，脚跟兒磴脱了牢籠扣。潛蹤洞壑尋深隱，濯足滄浪揀上流。皂朝靴丢剥了權存後，再不向鵷班鵠立，穿一對草履雲原本作雪，茲從刻本。遊。

【尾】閑居日月長，静觀天地久。閑中静里安年壽，更一段清福綿綿詩共酒。

仙呂點絳唇　僧尼共犯第一折

苦海無涯，業根難化。空悲咤，無室無家，一點心牽掛。

【混江龍】都一般成人長大，俺也是爺生娘養好根芽。又不是不通人性，止不過自幼削髮。一會價按不住春心垂玉筯，一會價盼不成配偶咬銀牙。正諷經數聲嘆息，剛頂禮幾度嗟呀。要求個善男信女擔驚怕，總不如空門净土，當夥兒戀酒貪花。

【油葫蘆】自古道僧尼是一家低答，每日價，撞頭磕額有根查。一個遮陽局斜倚回廊下，一個挑春情偷將禪杖打。按不住齷齪心，聽不上腌臢話，誰道俺頭陀每不光滑。

【天下樂】口念着救苦救難善菩薩，冤家，可喜殺。發慈悲單等着你和咱，開禪堂燒一炷香，入禪房遞一盞茶，上禪床結一段好緣法。

【那吒令】俺到了您家，人子說是他；您到了俺家，人子說是咱。混做了一家，半星兒不差。頂老兒一樣圓，撇道兒一般大，胡厮賴一迷裹虛花。

【鵲踏枝】分不出我和他，辨不的真共假。恰便似兩個尿胞，一對西瓜。蘑菇頭一弄兒齊磕打，精禿驢越顯的圓滑。

【寄生草】呀，一個念波羅密，一個念摩呵薩。鼓槌兒敲打的鼕鼕乍，鐃鈸兒拍打的光光乍，鉢魚兒瓜打的膨膨乍。昏沉了半晌出陽神，這其間色胆天來大。

【幺】他他他纏着俺，俺俺俺纏着他。瓢頭兒比着葫蘆畫，光頭兒帶着葫蘆欛，枕頭兒做了葫蘆架。拜佛席權當了象牙床，偏衫袖也做了鮫綃帕。

【六幺序】呀，釋迦佛鋪苫着眼，當陽佛手指着咱，把一尊彌勒佛笑倒在他家。四天王火性齊發，八金剛怒髮查沙。搊起金甲，按住琵琶，捻轉鋼叉，切齒磨牙。挪着柄降魔杵神通大，子待把禿驢頭攤了還攤。羞的個達摩面壁東廊下，惱犯了伽藍護法，赤煦煦紅了腮頰。

【幺】哎，你個渾家，不要瞅他，銅鑄的菩薩，泥塑的那吒。鬼話的僧迦，瞎帳的佛法。並無爭差，儘着撐達，也當個春風一刮，兀的不受用殺！月浸曇花，燈照禪榻，不近諠譁，不受波查，儘通宵喜笑歡洽。不枉了閑過竹院逢僧話，索强如路柳牆花。說來的磨研碓搗都不怕，見放着輪迴千轉，也子索捨死捱他。

【賺煞】想人生夢一場，且不上西天罷。鎖不住心猿意馬，便做道見性成佛待子麽！念甚的妙法蓮花，當袈裟，告了消乏。到頭來踢弄的風聲大，衆街坊識瞰，扣膊兒一拿，呀，法門中拴出一對耍娃娃。

雙調新水令　十美人被杖

買歡追笑遣流光，近新來一番惆悵。搜尋風月館，點檢翠紅鄉。博選羣芳，十様錦真堪賞。

【駐馬聽】鶯燕雙雙，風送春心度畫牆；芙蓉兩兩，天然秀色映秋江。有誰搬遞是非場，無端牽扯平康巷。因被訪，低眉俯伏霜臺上。

【雁兒落】一個顫巍巍玉蕊着棍兒湯，一個嬌滴滴紅英着棒兒摝，一個香馥馥酥胸襯碧堦，一個軟穠穠膩體捱牙杖。

【得勝令】呀，一個露春葱汪本作笋。解羅裳，一個嚲烏雲卸殘粧；一個粉面皮如澆蠟，一個劣身軀似抖糠。當堂，一個紅繡鞋跟朝上；收場，一個醉扶歸不姓楊。

【幺篇】子弟每攔街立捧酒漿，姨夫每沿城走找藥方。老虔婆氣瞞汪本作滿。心跳八丈，醜撅丁手捶胸淚兩行。哭一聲親娘，五百劫冤業障；叫一聲情郎，八千人惱斷腸。

【沉醉東風】往常時牙印兒摩挲半晌，香盤兒恐怕成瘡。捏一捏骨肉酥，摟一摟心胸脹。沾麻着做勢拿了腔，似這等凶神不可當，跳不出天羅地網。

【水仙子】又不曾做真賊偷了賈充香，又不曾放潑火燒了祆神像，又不曾駕虚詞遞了王魁狀，怎隄備汪本作防。這禍殃。三般兒委實難當。合歡被輕翻紅浪，凌波襪高擎玉掌，小蠻腰妙舞霓裳。

【折桂令】又不是乾相思鬼病羸尫，赤緊的閉閣垂簾，伏枕着床。俺則索款款依從，頻頻問候，悄悄商量。或是茶或是飯你隨心勉强，或是行或是卧俺着意扶將。禱告穹蒼，保佑安康，俺若是替他些兒，怎教你獨自禁當。

【離亭宴歇指煞】俺則是笑吟吟走馬章臺巷，誰承望急煎煎累手烟花帳。因他這場，頭皮兒陣陣麻，指尖兒個個冷，心坎兒梭梭撞；眼皮兒睡不合，淚道兒揩不上，越加慘傷。憔悴了玉精神，清減了花體態，改變了嬌模樣。也則索枕兒上慢温存，被兒裏乾摩盪，不多時身安氣爽。那其間有恩的將好情兒酬，行孝的着甜話兒獎。

十年前暴虐扇禍，以訪捕爲一切之政。民無良賤，隷于法率無辜人。十美人一時受杖而出，觀者如堵；而爲之奔走前後，不知其幾也。走筆貽羅山甫，憐其剪髮者與焉。

黄鍾醉花陰　剪髮嘲羅山甫

矮髻盤鴉玉簪彈，黑鬒鬒香雲一朵。金鳳小，寶蟬薄，一抹紅羅。翠葳蕤珠絡索，描不就遠山螺，了爲這三綹兒青絲纏上了我。

【喜遷鶯】花間行過，粉蝶兒個個隨着仙娥。真乃是一塵不涴，恰來的走馬章臺可意哥。見了這濃粧豔裹，不由人魂銷魄散，只落的喜笑吟哦。

【出隊子】却不道傍人瞧破，急攘攘怎奈何？香堦眷戀一心着，花徑同行兩意合，繡榻交歡百事可。

【刮地風】不多時雨意雲情熱似火，便待要同死同活。滿承當一世隨緣過，他則將花剪兒偷挪。解烏雲四鬢婆娑，理青絲兩手分撥。耳邊廂猛聽的一下枝柯，呀，翠紛紛雲鬢零落，不由俺兩淚如梭，好教俺血淋淋心膽如刀剁，也比那死一遭争不多。

【四門子】他道俺脚跟無綫空躭閣，赤繩兒繫北宫詞紀作緊。戀着我。淚點兒湮，指頂兒搓，茜紅絨固結重重裹；心坎兒揣，手掌兒托，好一條連環套鎖。

【古水仙子】他他他志不奪，俺俺俺扯肚牽腸怎動挪？罷罷罷將意馬牢拴，準準準把心猿緊鎖。行行行纏腿帳難開脱，步步步絆脚索不離行窩。管管管提着心做事無失錯，懸懸懸吊着膽到底没災禍，睡睡睡將魂夢兒繞身縛。

【尾】收拾的日久年深非小可，相守到兩鬢如皤，到底團圓纔是好結果。

黄鍾醉花陰　清明南郊戲友人作 北宫詞紀題作都下清明仕女郊遊嘲友人往看。

錦繡江山畫圖裏，端的是皇都第一。人旖旎景芳菲，堪賞堪題。來往向花前立，心没亂眼迷離，見了些百媚千嬌真個是美。

【喜遷鶯】豔陽天氣，花朝過了又寒食。相攜，齊蓁蓁成羣逐隊，恰便似萬紫千紅散緑堤。鬧垓垓人似蟻，管甚麽蜂喧蝶攘，北宫詞紀作嚷。暢好是翠遶朱圍。

【出隊子】天仙聚會，去一回來一回。雲霞縹紗暗香飛，花柳扶疏麗日遲，車馬倥匆樂事急。

【刮地風】一個價粉鼻兒馥郁聞芳蕊，一個價檀口兒啣杯。一個價手兒勤常怕金釵墜，一個價脚兒懶寸步輕移。一個價並香肩指東説西，一個價折回頭推整羅衣。一個價笑語嘻，一個價音律低。一個價喜孜孜幕天席地，一個價醉醺醺苦眼鋪眉。一個價轉秋波無耐挑人意，一個個引人魂三不歸。

【四門子】使不的調虎離山計，兩眼兒急上急，恰看了東，又悮了西。急煎煎四下裏難支對，才顧了南，又忘了北，眼面前悲歡得失。【古水仙子】他他他他不癡，你你你你的中腸只自知。去去去去的無情，來來來來的不理。猜猜猜猜不破昏思謎，受受受受不過來往臨逼。休休休傻書生休得同兒戲，天天天天不從人意，看看看看的眼飽肚中飢。【尾】我道你見面生情不度己，到晚原本作脱，兹從刻本。來感嘆傷悲，夢兒裏相逢拖逗煞你。

南集賢賓　詠所見

都下舊俗，清明日展墓。士女冶遊郊郭之外，而南郊爲尤盛。四方之人，雜然往觀，一國之人，皆若狂焉，殆類于此。

湖山那邊瞧見你，好交俺心下驚疑，何處神仙來這裏？又不是同赴瑶池，忽然相會。近前來越添標致，真個美，不由人軟了身軀。【前調】恰纔相見方懊悔，悔只悔會面猶遲，悔到其間還是喜。動人處淺淡粧飾，他有斯文風味。掩不盡千嬌百媚，今日裏，這場事委實希奇！【不是路】玉質冰肌，蟬翼輕鬆四鬢齊。多清氣，釵梳不用金珠翠。步輕移，緊浄丢修可體衣。正當時，覷了他青春一捏嬌年紀，纔是妙齡之際。

【掉角兒序】嫩超超百樣嬌姿，細彎彎兩道蛾眉，窣生生三寸金蓮，瘦亭亭一捏腰肢。最相宜雪窗前，書館内，擁紅爐，斟暖酒，良宵清會。這場心事，應無了期。没來由，不疼不癢，惹下相思。

【前調】待和他月底吟詩，待和他燈下敲棋，待和他較量輸贏，待和他比並高低。待和他按金徽，調玉軫，譜新詞，依古調，傳情適意。知音交契，相逢有期。乍相識，心乎愛矣，何日忘之？

【尾】從來玩賞烟花地，南北東西任所之，不似今番念在兹。

雜曲

仙子步蟾宫　四誓

剪髮

整犀梳生怕齒兒抓，摘鳳髻常憂翅兒刬，青樓韻語廣集刬作剗。插金釵又恐尖兒岔。一絲絲疼殺咱，怎下的快剪兒髡音肯平聲。他。耳輪兒隄防着湯抹，音罵。鬢脚兒休當做打耍，頭皮兒留下些根查。頭皮兒留下些根查，赤青樓韻語廣集作吃。緊的雲鬢鋪蟬，寶髻盤鴉。千里懸情，寸腸掛慮，一世結髮。珠絡索牢拴住心猿意馬，錦纏頭打疊起路柳牆花。你若情雜，休得留他！貨郎兒換兩個鋼針，打繩的當一緒青麻。

爇香

雪冰肌淺露紫葡萄，金寶釧斜連紅瑪瑙，麝蘭香正點花穴道，選良時真個燒。俊生生玉腕相交，齊臻臻香肩並靠，磣可可銀牙碎咬，亂紛紛珠淚齊北紀作同。下句同。拋。亂紛紛珠淚齊拋，你也難禁，我也難熬。一個價腹熱腸荒，心驚膽戰，肉裂皮焦。瘡兒疼越疼越好，焙兒大越大越灼。休忌薑椒，留下根苗。香烟兒鑒察的明白，瘡盤兒封裹的堅牢。

刺臂

針尖兒挑繡紫霓裳，墨汁兒淋漓白玉堂，筆頭兒揮灑黃金榜，都盛在錦繡囊。三般兒各逞高强：筆描就同心花樣，針刺的隨胸血湪，湪音倘。墨粧成透體玄霜。墨粧成透體玄霜，一樣傳情，兩下成傷。刻骨銘心，書名畫字，數黑論黄。寫山盟指證着今來古往，設海誓滿拚着地久天長。那個遺忘，他便無常。雖不是露面黥卒，見放着貼骨疔瘡。

申盟

雲鬟半嚲剪烏金，玉腕雙擎刺繡針，冰肌一點留香印，這恩情海樣深。常言道十指連心，刀刃兒湯着就滲，針尖兒見了害磣，艾焙兒想起難禁。艾焙兒想起難禁，休悔當初，不説如今。怕的是燒了還燒，剪了又剪，針了重針。添了些瘡上瘡却怎生共枕，受了些苦中苦也不忍同衾。不遇知音，少要癡心。虚撮北紀作授。脚雨意雲情，浮皮頭柳影花陰。

前調　八美

彩筆情辭題作「題青樓八美」。

鞋杯

高擎綵鳳一鈎香，嬌染紅羅三寸長，滿斟緑蟻十分量。竅生生小酒囊，蓮花瓣露瀉瓊漿。月兒牙彎環在腮上，錐兒欛團圞在手掌，筍兒尖簽破了鼻梁。筍兒尖簽破了鼻梁，鈎亂春心，洗遍愁腸。孤轤轤青樓韻語廣集作骨碌碌。滚下喉嚨，周流肺腑，直透膀胱。舉一杯恰便似小脚兒輕擡肩上，咽一口好疑是妙人兒吸入胸膛。改様風光，着意珍藏。是必休指甲兒掐損了雲頭，口角兒展涴了鞋幫。

肩几

並頭蓮栽向碧窗紗，連理樹移來翠繡榻，比目魚寫上丹青畫。合和仙手兒搭，喜孜孜語笑歡洽。眉兒梢不離了腮頰，鬢兒邊打了個耳擦，舌兒尖遞了個香茶。舌兒尖遞了個香茶，唇啓朱櫻，臉印紅霞。交頸綢繆，齊眉款曲，并體褻狎。燈兒前一雙俊雅，鏡兒裏兩個冤家。他也親咱，咱也親他。從今後俺不索悶倚欄干，你休得獨抱琵琶。

臂枕

錦重重繡被展紅鴛，嬌滴滴花容落翠鈿，暖溶溶素腕移素腕移三字原本誤爲青躭二，據刻本改正。金釧。白如霜軟似綿，偎多才一枕高眠。耳邊廂鳳釵斜彈，懷兒裏鸞儔燕婉，夢魂中蝶翅蹁躚。夢魂中蝶翅蹁躚，勝似行雲，真似游仙。緊靠酥胸，仰擎纖手，醉倚香肩。粉汗津一團玉軟，腮痕印幾點紅嫣。珊枕高閑，寶髻斜偏。一任俺臂膀兒酸麻，生怕他頭頂兒虛懸。

手板

嬌紅新染汪本作惹。鳳仙花，纖素輕抽玉筍牙，清香旋綰鮫綃帕。按宮商實可誇，體妖嬈國色仙娃。天魔舞幾回變化，霓裳曲數聲幽雅，雲陽板一點無差。雲陽板一點無差，似這般掌上清音，索强如扇底紅牙。擊玉敲金，移宮換羽，高手名家。繞梁音自然瀟灑，流水板越見熟滑。聽不上金鼓諠譁，絲竹淫哇。總不如韻悠悠彩袖香飄，斯青樓韻語廣集作撒。琅琅寶釧聲雜。

牙筯

篆香壺常把酒兒描，糯米牙輕將菜兒咬，櫻桃口微向人兒笑。舌尖兒相輳着，却留下半點兒根梢。這意兒誰人知道？這情兒何時是了？這滋味無福難銷。這滋味無福難銷，美似醍醐，貴比瓊瑶。玉液金波，香酥甘露，鳳髓龍膏。養身法神完病少，解酒方魄散魂消。嘴嚼連朝，饜飫通宵。透春心一點靈犀，醉東風兩朵蟠桃。

肉屏

暖雲窩緊把兩邊遮，温香玉先將背後截，長春花正補當陽缺。矮屏風三四摺，任他行顛倒豪傑。紙兒糊怎如汪本作比。他温熱，峥兒光不似您調貼，畫兒好少比俺乜斜。畫兒好少比俺乜斜，玉惜香憐，翠擁紅遮。四座陽春，一團和氣，百樣驕奢。一個價意孜孜指尖兒輕捏，一個價笑吟吟眼角兒偷趄。使不的喉舌，粧不的癡呆，俺便是鐵石人也索温柔，虚怯症不怕風邪。

耳簪

馬蹄金造就耳剜兒，蟬翼鬢罩鋪滿面絲，螺頭青細綰香雲髻。倒別着簪一枝，倩佳人央挽多時。擡貴手輕輕摘取，轉秋波低低窺視，啓朱唇款款斜吹。啓朱唇款款斜吹，須要經心，莫得離嘻。俺則索叉手躬身，交頭接耳，苫眼鋪眉。嚇的俺不轉睛斜僉着坐地，儘着他不住手兩下裏施爲。好個消息，幾陣昏迷。俺已則心癢難撓，他還待手下偎隨。

帕箋

汗巾兒展作錦雲箋，淚點兒流成玉露盤，粉盒兒權當金星硯。滴將來一處研，寫封書訴不盡情言。一字字離愁閨怨，一句句緣慳分淺，一行行寡鵠孤鸞。一行行寡鵠孤鸞，千里相思，兩字平安。料應他離恨尤多，鄉心已碎，望眼將穿。我的淚你的淚湮成一點，你的心我的心結做一團。袖兒裏盤桓，手兒上綿纏。酬志了美滿功名，乞求得早晚團圓。

前調　十劣

勒價

小丫鬟吹着盞短檠燈，老鴇兒瞪着雙黑眼睛，醜撅丁扶着桿無星秤。俊多嬌佯不聽，解行囊信意加增。一包兒無零無剩，一盤兒齊齊整整，一家兒喜笑花生。一家兒喜笑花生，不是争差，非爲嫌輕。似這般俺也輸心，他也樂意，你也馳名。這兩點怕不是鼎，那一塊也欠十成。等待消停，都要煎傾。論親情不索疑猜，交財帛須要分明。

索債

酒太公站立俺門傍，油博士擔來這壁廂，肉擔兒掛在頭直上。欠王屠鈔幾張，姐夫每不索思量。陳酒債秤還三兩，清香油賒過幾缸，平肋肉割了多方。平肋肉割了多方，一總還錢，零碎熝湯。休怪絶情，何須戀己，莫得粧鎊。也不索三三兩兩，又何必掩掩藏藏。倒斷行囊，準折衣裳。你若是打發的清潔，俺還送半點兒乾糧。

清帳

俺也曾買綾羅裁了些可身衣，俺也曾换金寶打了些好首飾，俺也曾賣莊宅受了些腌臢氣。那些兒虧負你？你須索加減乘除。止不過一時半刻，又不曾通宵整宿，頓忘了昔日平時。頓忘了昔日平時，跌落了錦片前程，折蹬了銅斗家私。你子待累百爲千，逢三道五，見一成十。我和你一椿椿開除個端的，小九九打算個真實。除了穿吃，扣了春資，剩下買兩個猱兒，零頭兒取一個娼妓。

閉户

老虔婆準備下意兒歪，小大姐包藏着性兒乖，窮姨夫啜賺在門兒外。叫丫鬟世不開，可憐見放入門來。禱告了家親三代，拜辭了爺娘叔伯，囑咐了俊俏喬才。囑咐了俊俏喬才，您忒無情，俺也合該。赤緊的典了衣服，花了網帽，破了靴鞋。把似俺無半星也擺劃，還望您老兩口兒躭待。俺子待暗裏偷乖，夜去明來。打扮着點卯官身，扎挣着挑水擔柴。

問年

鬼胡尤打扮個俏寃家，歪扭捏粧成朶解語花，喬相識問了句衷腸話。猛低頭難對答，歷年來都是十八。未成人偷咻了幾下，已成人逃走了幾乏，不成人販弄了三家。不成人販弄了三家，一控青春，半把年華。也索收心，不消現世，還待撐達。奶兒長低留答臘，孩兒多皮慫扒查。只等待眼兒昏花，腿兒塌撒。保佑你活到一百，終不成還是十八。

賀生

虔婆禱告拜神祇，子弟安排賀壽儀，嬌羞沐浴迎新歲。生辰密年紀希，袁天罡算了個端的。有一年三番壽日，把三年呼作一歲，每一歲九度生時。每一歲九度生時，辦炷名香，擺列筵席。敬謝神明，虔邀宗祖，敦請親戚。遞一杯添兩件首飾，行一禮奉一套羅衣。今日佳期，來歲休移。俺也有本命元辰，單看你那日回席。

下橋

剛團圓一片月兒斜，正豔冶三秋様兒別，恰芳菲幾朵花兒謝。順風船下坂車，舊人兒見了情絕。猱着頭姐兒的火者，眵着眼鴇兒的候缺，放倒身撅兒的幫貼。放倒身撅兒的幫貼，再休提幼小風流，美滿驕奢。俺則索袖手埋頭，低聲下氣，做啞粧呆。他正是宜時的風花雪月，俺落得末脚兒感嘆傷嗟。雨散雲歇，瓶墜簪折。若能勾再到陽臺，除非是夢裏蝴蝶。

回爐

再來不值半文錢，昔去何須一溜烟，翻回不滿十年限。被人嗤惹俺嫌，生饅頭怎入籠嚴？做不的油頭粉面，乾出上涎眉瞪眼，只落個赤手空拳。只落個赤手空拳，活是他人，死和他纏。俺如今這樣時光，又無接手，不比常年。雖然是答臘些殘湯剩飯，却不道盤繳的少米無鹽。姊妹行閑談，小大兒難言。鴇兒道：死了倒是乾净，子弟每見了不到跟前。

留僧

俏姨夫換了個禿姨夫，舊施主做了個新施主，化緣簿改了個姻緣簿。倒陪錢當積福，花藤兒纏住了葫蘆。手問心道了個萬福，百衲衣打了個窩鋪，齋饅頭劵了個胸脯。

齋饅頭劵了個胸脯，鴇兒開言，行者鋪謀。俺子索早起腰胱，午間中袖，夜晚包袱。巧藏拽金面皮觀音老母，偷夾拿銅法身彌勒尊佛。總不如剃了頭顱，做個尼姑。這世裏配一對光頭，那世裏變兩個毛驢。

鑽龜

白綿單展做了黑泥條，紅繡鞋沾上些綠水毛，素羅衣印下對烏龜爪。正撞着這一遭，也不必屈打成招。天靈蓋生生揭了，搭撒頭緊緊搐着，麻種眼慢慢偷瞧。麻種眼慢慢偷瞧，嚇殺多情，疼殺多嬌。我和他比蜜調油，如魚得水，似漆投膠。也子道爺兒們合家歡樂，止不過夥兒裏本分窩巢。誰承望官法難饒，一世躭囂。罵幾場似没嘴的葫蘆，打幾頓似没氣的尿胞。

前調　大鼻妓

堂堂相貌土星高，一寸山根三掉腰，搽胭粉多使些錢和鈔。因此上淡梳粧懶畫描，費擎擡壓損妖嬈。竪一道擎天柱，搭兩孔駕海橋，怕則怕對臉兒支磽。怕則怕對臉兒支磽，不能勾倚翠偎紅，恰便似水遠山遥。費口閣舌，歪頭側腦，自有方略。比鷹嘴微争些大小，似羊頭少一對觚角。回子根苗，癲象軀牢。雖然是眼罩兒重遮，也則索遠遠的舒着。

清源妓名無瑕玉，獨擅時望，遠近傾慕，以一面爲快覩。嘗以地主拉至其家，將示衒耀之意。適暑，方浴，出稍遲，心鄙之。既出見，果尤物也。欲議之，無所摘。然準頗隆，遂占此詞，出而示人，頃刻傳以爲笑。自後見之者色萎矣。余再至，則已轉徙，不知所在。

南 集賢賓 六首 題怨

斜陽滿樓簾半捲，空教我望眼連天。千里雲山人共遠，望不斷衰草寒烟。危欄倚遍，忽聽的賓鴻哀怨。愁怎遣？怎不將一紙書傳。

孤幃幾時捱到曉，聽不上畫鼓頻敲。惱恨寒雞啼不早，急睜睜業眼難交。心中焦躁，盼不到參横月落。如何是好？怕只怕夢斷魂勞。

百般苦情誰像我？閣不住淚似懸河。恨壓眉梢雙黛鎖，又不是病染沉疴。心如刀剁，誰降下這場災禍！如何是可，每日家難死强活。

思君不來何處耍，空教我數盡歸鴉。何處垂楊閑繫馬，貪戀着路柳牆花。君情忒寡，見放着鮫綃羅帕。真共假，誓盟言須有個監察。

這場屈情非小可，受不盡小性兒哥哥。冷語閑言尋趁我，平地上就起風波。是誰之過？不住的將人折挫。眉黛鎖，有話兒不敢分駁。

説來的話兒都是謊，好着人南詞韻選作好教人。無處隄防。休信傍人將俺講，他那裏南詞韻選作他那壁廂背後輪鎗。全無遮當，南詞韻選作難遮怎擋。俺只有青天在上。南詞韻選作俺只有青天在頭上。君細訪，枉了人算甚麽高强！

南　玉芙蓉　四首

同前　第一、四兩首太霞新奏題作情鬧。

言合意不合，和你實難過，你分明特故的，將俺揉搓。俺何曾敢把針兒錯，尺水番成一丈波。雜情貨，心多話多，聽不上絮叨叨常把嘴兒磨。

難將性兒拿，就裏多虚詐，料應他看承做，敗柳殘花。幾曾有半句知心話，已則是十分虧負咱。登開罷，情差意差，儘着你戀別人另結好緣法。

吃他無限虧，滿眼傷情淚，這其間受不盡，瑣碎參差。他一心要做虧恩事，全不想從前溺愛時。巴心誓，天知地知，只願的一椿椿報應謝神祇。

因他意兒太霞新奏作情意。別，把俺閑羅惹，進門來一迷裏，打草驚蛇。在誰家調的情兒熱？臨到咱行冷似鐵。從今夜，恩絶愛絶，把一方汗巾兒裂做兩三截。

蟾宫　四首　四景閨詞

正青春人在天涯，添一度年華，少一度年華。近黄昏數盡歸鴉，開一扇窗紗，掩一扇窗紗。雨絲絲，風剪剪，聚一堆落花，散一堆落花。悶無聊，愁無耐，唱一曲琵琶，撥一曲琵琶。業身軀無處安插，叫一句兔家，罵一句兔家。

小湖山分外清幽，飛一對沙鷗，宿一對沙鷗。怕斜陽偏照西樓，上一掛簾鈎，下一掛簾鈎。畫堂深，清汪本作春晝永，坐一個無休，盼一個無休。晚粧殘，雲鬢亂，戴一隻搔頭，卸一隻搔頭。無倒斷情思悠悠，夢一段風流，想一段風流。

洗炎蒸玉露金風，滴一葉梧桐，落一葉梧桐。意沉吟倦理針工，繡一朵芙蓉，撇一朵芙蓉。展香奩，臨寶鏡，看一番粉容，惜一番粉容。數歸期，思往事，屈一遍春葱，舒一遍春葱。望雲山音信難通，看一會歸鴻，送一會歸鴻。

雪花飛密灑瑣窗，助一派凄涼，又一派凄涼。更那堪簷鐵悠揚，緊一陣叮噹，慢一陣叮噹。瘦伶仃，愁展轉，温一邊象床，冷一邊象床。被兒閑，枕兒剩，東一個鴛鴦，西一個鴛鴦。盡頭來虚度韶光，牽一股柔腸，斷一股柔腸。

朝天子　二首　風情

得頑，且頑，放不下風流擔。萬花深處小桃源，信步兒從頭串。笑臉乜斜，歌喉圓轉，撒紅牙三四板。不吃醋的眼酸，不吃酒的量寬，只爲他相迷戀。

得謅，且謅，舞破了春風汪本作衫。袖。月明纔上柳梢頭，把手兒湖山後。共結汪本作話。同心，齊開笑口，弄精神百事有。面軟的不羞，心窄的不愁，只爲他相拖逗。

又　二首　鞋杯

環兒脚一彎，花兒瓣兩邊，做了個飛鍾勸。半新不舊軟如綿，少欠下風流願。手澤猶存，香塵不斷，細端相重檢點。擦破了的口圈，蹴損了的底尖，跌綻了的根兒綫。

熱突突酒傾，白溜溜水清，照見個人兒影。金蓮小巧掌中擎，到口無餘剩。苦眼鋪眉，參詳內景，口不言心自省。心坎兒裏踢蹬，肚囊兒裏款行，腸襀兒裏穿芳徑。

又　二首　嘲誚

你說我艮支，我說你作鵰，誰的是誰不是？紐箍兒別棒費神思，道不出個真實字。使口兒傷人，汪本此句無兒字，下句同。挑牙兒斡刺，有的些歪樣子。叫你聲妮子，笑你個鬼尸，再休得胡行事。

你嫌俺老成，俺嫌你寡情，性格兒天生定。黄毛兒黑尾鬼胡伶，口兒裹無乾浄。賣弄你乖覺，將咱來傒倖，轉灣兒没了影。叫着又不應，駡着又不聽，治不了傳槽病。

清江引　四首　閲世

過一日少一日要上一日，省了些閑淘氣。一日十二時，倒在花前睡，及早的風流些便宜你。

過一春了一春要上一春，打疊起閑愁悶。一春九十日，日日胡廝混，去了青春呵盼望殺您。

過一年是一年要上一年，再不去歪廝戰。四時共八節，到處貪歡宴，歲月無情哄不了俺。

過一生只一生要上一生，休替别人挣。三萬六千場，醉倒烟花徑，每日價醒了醉醉了又醒。

又　四首　閨思

手托香腮心兒裏想，淚滴闌干上。無情也有情，見不的喬模樣，靈鵲飛來撒一個兒謊。

枕上淚痕窗外雨，總是傷心處。淚點兒滴不乾，雨點兒聲汪本作流。不住，一點一聲愁萬縷。

起初只說相交好，枉惹傍人笑。與了個甜棗兒，丟下個虛圈套，恨上來常將香盤兒咬。

恰纔朦朧眼兒瞑，成就了合歡令。一雙彩鳳飛，兩朵紅蓮並，明知是夢兒中生怕醒。

又　四首　省悟

明知烟花路兒上苦，有去路無來路。惡狠狠虎巴心，餓剌剌狼掏肚，俺如今前怕狼後怕虎。

一個家張眉多睃眼，單給飄風漢。田産已盡絶，家業都零散，掘來大坑兒填不滿。

再不去掃雪填枯井，心兒裏明如鏡。摳了眼不嫌瞎，哄殺人不償命，豈不聞人的名兒樹的影。

再不去火上弄湅湅，霎時間没的弄。總是一場空，到底成何用？只落的兩隻手一個搦。

紅繡鞋 三首

五閻王不嫌鬼瘦，二菩薩那管人愁。甜食内下一把倒鬚鈎，只憑着巴心咒，哄了些帽兒頭。俺如今醒了腔只枉的空着手。

一家兒穿衣吃飯，要别人破産填還。門兒外樹一朵引魂旛，納命的齊來到，偷生鬼閃在一邊，現放着萬人坑填不滿。

又不是官糧科派，動不動折變田宅。翠紅鄉掌一面虎頭牌，火焰似追錢債。也須俺賣得來，生子怕傻村驢不肯買。

南 桂枝香 春閨 四首

容光消瘦，非因病酒。見不上燕子將雛，聽不上鶯兒求友。任飛鳴自由，任飛鳴自由，將人拖逗。黄昏清晝恨悠悠，蝴蝶三更夢，烟花萬種愁。此首南宮詞紀題作春怨。

危樓倚遍，天涯人遠，望不斷嶺樹重遮，空自把湘簾高捲。又韶光一年，又韶光一年，鶯花爛漫。滿懷心事告人難，身外春如海，眉尖恨似山。萬花開放，同誰歡賞？名園内緑暗紅稀，芳徑裏蜂喧蝶攘。亂紛紛過牆，亂紛紛過牆，春光飄蕩。千條弱柳綰柔腸，夢醒人何處，愁來夜未央。瑶臺寂静，銀河耿汪本作清。南宫詞紀同。耿，長空碾萬里冰輪，深院鎖一簾花影。咨嘆汪本及南宫詞紀作嗟。下句同。了幾聲，咨嘆了幾聲，芳心不定。凌波露冷步閑庭，欹枕難成寐，憑闌無限情。此首南宫詞紀題作愁怨。

又　贈妓桂香　二首

廣寒宫内，天香月桂，香飄蕩玉兔風清，影扶疏銀蟾光碎。問嫦娥愛誰？問嫦娥愛誰？清宵凝睇。今秋得意步雲梯，月中丹桂連根拔，不許傍人折半枝。商飈初動，天香飄送。看今秋步月登雲，到春來騰蛟起鳳。喜身遊月宫，喜身遊月宫，香魂入夢。三分色相狀元紅，探花榜眼都成配，淺白深黄總不同。

又　贈行　二首

君行保重，妾身陪奉。比目魚一躍成龍，交頸鳥雙飛化鳳。望雲山萬重，望雲山萬重，空勞魂夢。分開連理各西東，不愁我冷落深閨裏，只念你風塵遠路中。長途勞頓，有誰俅問？拚着你萬里鵬程，撇下俺一腔春恨。漏沉沉夜分，漏沉沉夜分，金爐香盡。夢魂飛繞南宮詞紀作近。楚天雲，君如夢妾難留妾，妾夢君來不見君。

此首南宮詞紀題作春怨。

又 二首

月夜小集

彩雲何在？銀蟾堪愛。恍疑是桂子飄香，猛見了嫦娥下界。喜秋光滿懷，喜秋光滿懷，無拘無礙。清歌勸酒手齊拍，一個個愁眉展，一雙雙笑口開。

高情訪舊，清宵如晝。一個個志氣軒昂，一個個功名成就。一個個女流，一個個女流，香飄紅袖。半輪斜月掛城頭，酒醉三更後，笑吟吟攜素手。

又 二首

夢想

冤家心變，將人坑賺。半夜裏枕冷成冰，兩道兒淚痕如線。你成雙我單，你成雙我單，如何不怨。癡心妄想來到身邊，做一個團圓夢，也強如獨自眠。

喬才鬼詐，全無拘怕。起初時做小伏低，到如今心粗膽大。夢兒中等他，夢兒中等他，將他留下，陽臺雲雨會巫峽。雖然不是真歡慶，也當春風刮一刮。

黄鶯兒　二首

曉霞　原本此二首前有贈妓仙臺四首，重見卷二，今删去。

一點曉霞紅，閃祥光映碧空，神仙早出扶桑洞。上蓬萊幾峰，飲蟠桃幾鍾，喜朝陽展翅丹山鳳。錦雲重，把金烏簇擁，高捧在九霄中。

一點曉霞嬌，赤煦煦暖似燒，東窗紅日相輝耀。抹胭脂怎調？染丹青怎描？巧天公粧出如花貌。細量度，陰晴先兆，雲雨在今宵。汪本次句作閃祥光映碧霄。青樓韻語廣集同。

又　嘲妓葵仙

猛見蜀葵花，隔牆頭賣弄他，風吹雨打全不怕。單開頭似喇叭，粗枝葉似檾麻，花心兒到有些娘大。忒拉揸，鬢邊怎插？折挫了好頭髮。

又　解嘲　汪本作葵仙解嘲。

轉眼盼多情，表丹心向日傾，更無柳絮顛狂性。嬌滴滴紫英，顫巍巍碧莖，香肩常把雕闌並。耐炎蒸，開花結子，到底不凋零。

又 嘲妓蘭池

遥望一鋪籠，馬蓮墩更不同，亂紛紛茅塞成何用？莎草是祖宗，蒯草是老兄，假名託姓精胡弄。瓦盆中，連根兒倒出，真個是麥門冬。

又 解嘲 汪本作蘭池解嘲。

清淺小池塘，潤幽蘭壓衆芳，天然一種非凡相。花兒異香，葉兒細長，香風翠帶齊飄蕩。傍瓊窗，歲寒三友，無此不成雙。

又 文卿 二首

談笑有鴻儒，小桃源當隱居，書中有女顔如玉。性格兒出俗，美名兒不虚，不知人在花深處。漢相如，向文君笑語，要只要幾行書。

及第杏園春，掌書仙降紫雲，玉堂人物常親近。唱詞兒忒新，呼字兒忒真，多才比的俺無學問。卓文君，念相如正窘，愛只愛一張琴。

又　梅英

花裏有魁元，賞名園第一仙，南枝早把春風占。雪和成粉團，月籠着玉顔，風花雪月不廝辨。伴孤寒，喬松修竹，青眼笑相看。

又　月季

一月一芳菲，論花容不似你，汪本你作伊。千紅萬紫難匹配。花不歇枝，香無了時，四時八節皆春意。最嬌姿，自從初會，直與歲寒期。

又　弱仙

軟款妙人兒，汪本妙人兒作似難支。青樓韻語廣集同。顫巍巍花一枝，海棠睡起嬌無力。風兒柔怕吹，步兒輕懶移，藕絲兒牽的人兒至。細腰肢，春衫可體，尚自怯羅衣。

又　韶仙

音律壓齊城，更妖嬈體態清，輕歌妙舞都相稱。奏簫韶九成，按絃歌幾聲，洋洋盈耳穿芳逕。午風輕，花枝弄影，莫不是鳳來庭。

又　剪髮

玉手解青絲，鳳頭釵初卸時，頂心一剪烏雲墜。黑鬒鬒似漆，長鬖鬖過膝，單根兒都是心肝繫。好收拾，紅絨兒辮起，每日看幾遭兒。

又　嘲僧

得意笑青天，把瑶琴對你彈，趙州平地神仙見。受用殺浩然，快活殺浪仙，耳邊廂不住秋風灌。四蹄攢，窟窿橋上，現世上刀山。

南　鎖南枝　二首　吨妓

打趣的客不起席，上眼皮欺負下眼皮，强打精神扎挣不的。懷抱着琵琶打了個前拾，唱了一曲如同睡語。那裏有不散的筵席？半夜三更路兒又蹺蹊，東倒西歆顧不的行李。昏昏沉沉來到家中，睡裏夢裏陪了個相識，睡到了天明纔認的是你。

涎瞪了眼，答刺了頭，打一個呵欠大張着口。也不想軟款温柔，也不想丢可留修，也不想拿堂扭柳。眼皮兒怕待睁開，手背兒不住的搓揉。也不着人也不勸酒，請將來上不的臺盤，擡舉你扶不上牆頭，大家開交纔是了手。

玉芙蓉　二首　次韻贈妓少蘭

花神送異香，汪本作蘭開大國香。青樓韻語廣集同。飛到瑤堦上，汪本作曲奏瑤琴上。青樓韻語廣集同。喜秋蘭嫩蕊幽芳。汪本作與知音百代流芳。青樓韻語廣集同。千條翠縷隨風漾，一段清標帶月光。何須羨新紅海棠，這些時春花無主盡收藏。

幽蘭擅國香，曲奏瑤琴上，與知音千載流芳。滿斟綠蟻金波漾，掩映朱脣琥珀光。何須羨春風野棠，爭如這畫堂中盆景好珍藏。

朝天子　八首　贈田桂芳

桂卿，麗情，所事兒堪咱敬。惺惺自古惜惺惺，愛的是人恬静。兩意相投，同聲相應，眼微朦心自省。細聽，幾更，怕不盡今宵興。

小田，妙年，月裏嫦娥面。瑤池宴會大羅仙，不許凡人見。玉斝高擎，檀槽輕捻，青樓韻語廣集輕捻作輕撚似鶯聲花外囀。向前，俏言，甚日尋方便。

太真，出塵，畫兒上曾斯認。重重疊疊挽烏雲，薄設設鋪蟬鬢。曉月雙彎，秋波一瞬，窄金蓮尖玉笋。見人，便親，心繫兒擰成緊。

戀他，寸家，萬種情牽掛。霎時形影隔天涯，悔不盡輕沾抹。强打精神，丢開他罷，想殺人休當耍。笑咱，傻瓜，忘不了臨明話。

想他，爲何？頃刻貪歡樂。不明不暗便開豁，自是咱之過。意兒留連，心兒傒落，近別來一月多。盼着，念着，怎再得同衾臥？

這汪本作花。詞，好汪本作月。詞，口口相傳示。賞音幸遇妙人兒，汪本作賞音多在半酣時。滿座皆同志。盼盼風情，鶯鶯心事，雪兒歌難似此。念茲，在茲，只兩個相思字。

自別，似呆，還不了前生業。傍人笑俺忒隨邪，俺不比乾風月。那值殘春，難捱今夜，口無言書怎寫？這叶，那些，敢一樣腸兒熱。

桂芳，蕙芳，一對神仙降。秋花春草噴鼻香，喜得相親傍。月下風前，人間天上，説無雙也有雙。北腔，繞梁，慢掃着琵琶唱。

駐雲飛　贈潤仙名玉塊

美質良材，體似羊脂膩又白。碾就獅蠻帶，結就瓊瑶珮。嗏，琢就鳳凰釵，精神光彩。

剔透玲瓏，所事堪人愛，軟玉温香抱滿懷。

又　贈麗江名金塊

百鍊真汪本作精。金，麗水生來席上珍。富貴相親近，汪本作重寳難親近。高價難評論。嗏，正遇着買金人，偏他識認。九紫十赤，成色銷鎔盡，細細絲兒�到心。

又　贈李沂仙

樂意陶然，勝日尋芳沂水邊。冠者閑遊衍，童子相陪伴。嗏，正遇暮春天，東風拂面。痛飲高歌，醉倚花嬌豔，將謂偷閑學少年。

又　贈劉一兒　南詞韻選、太霞新奏作贈妓一兒。南宫詞紀作贈劉一兒。

一段風流，一點情牽兩意投。一曲銀箏奏，一股金釵溜。嗏，消遣一春愁，一番花柳。一顧傾城，一笑天然秀。一度含情一上樓。

又　贈于少蘭次韻

綏步蹣跚，玳瑁筵前見少蘭。嫩蕊初分瓣，不許蜂蝶亂。嗏，莫惜好花殘，芳心一點。恍惚相逢，枉把東風怨。要上陽臺休怕晚。

綏步蹣跚，一段香風送楚蘭。口啓胭脂瓣，曲度行雲亂。嗏，酒到莫留殘，把閑愁檢點。醉伴花眠，懶賦長門怨。回首歸來還恨晚。

玉抱肚　二首　贈牛月娥

月娥風韻，廣寒宫天生妙人。换鍾兒款叙幽情，奉詞兒宴樂嘉賓。相逢不飲負青春，洞口桃花也笑人。

花容月貌，白生生越添豔嬌。玉螳螂倒插烏雲，粉蝴蝶斜壓斂綃。春葱款撥紫檀槽，側耳聽聲魂暗消。

又　二首　贈趙今燕

趙家今燕，賽昭陽舊時管絃。聽悠悠音律清揚，喜飄飄舞袖翩躚。琵琶輕掃動人憐，須信行行出狀元。

南詞北唱，錦堂中清音繞梁。曲江池陪奉明公，秀春園占斷排場。高擎暖酒換新腔，不是情人也斷腸。

又　二首　贈小妓孫曉臺

曉臺如畫，擁扶桑紅雲彩霞。麗春園姊妹馳名，平康巷歌舞傳家。暖風長養汪本長養作生長。青樓韻語廣集同。牡丹芽，玉露輕沾菡萏花。

妙齡之際，女孩兒天生世奇。嫩生生百樣妖嬈，細條條一捻腰肢。雲情雨意假推辭，燕約鶯期佯不知。

又　四首　寄示潤仙

潤仙喬勢，誓盟言全然不依。甜話兒記在心頭，假意兒認做真實。行思坐想盼佳期，提起東來忘了西。

負心玉塊，兩三番不見你來。許着俺席上傳情，誰承望啞謎難猜。東君試問女裙釵，誰是癡心誰賣乖？

走頭没路，買花錢分文又無。愛的是寶鈔金銀，南宮詞紀此句首襯他字。汪本寶鈔作珠翠。南宮詞紀同。用不着者也之乎。南宮詞紀用不着下有你字。書生枉自費工夫，每日空勞定計謀。汪本作百計空勞捉日烏。南宮詞紀同。此首南宮詞紀題作嘲子弟。

難捱長夜，呆答孩白没話説。閃的人冷冷清清，哄的俺半半截截。烟花簿上有分別，自古及今不放賒。

又 十首

題情

單身獨自，盼情郎盼到幾時？往常間强打精神，至如今學害相思。憑誰寄與斷腸詩？只怕翻成絶命詞。

冤家心變，這些時誰家鬼纏？打聽的有個真實，我和他兩命難全！神靈監察誓盟言，不叫冤家只叫天。此首太霞新奏題作閨怨。

心中焦躁，好恩情全無下梢。俺這裏受盡凄涼，你那裏自在逍遥。更長漏永眼難交，枕冷衾寒睡不着。

喬才薄幸，枕邊言全然不聽。實指望常遠相交，怎下的這樣無情！狠將來罵了兩三聲，你倒不疼我倒疼。

多時不見，夢兒中到咱眼前。急慌忙扯入蘭房，雙手兒摟抱身邊。醒來知是假姻緣，落的安然一夜眠。

抽籤討汪本作卜。南宮詞紀、南詞韻選、太霞新奏同。卦，叩神靈都是汪本都是作無非。南宮詞紀、南詞韻選、太霞新奏同。哄咱。玉手南宮詞紀、南詞韻選、太霞新奏作纖。兒扯斷蛛絲，寶釵兒打落燈花。簷前喜鵲叫喳喳，撒謊虛囂做一家。此首南宮詞紀題作怨別，太霞新奏作閨怨。

饒人一命，告哥哥陪個下情。你若是意轉心回，俺纔得死裏逃原本作還，茲從刻本。生。但存陰騭有前程，洗却青樓薄倖名。

無聊無賴，眼乜斜自家死捱。捱的我情思昏昏，杳冥中雲雨陽臺。雞聲三唱夢回來，棒打鴛鴦兩下開。

蛾眉雙皺，淚汪汪何曾斷流！倚遍了十二汪本十二作九曲。欄干，禁不的一段閑愁。三朝兩日懶梳頭，從到春來不下樓。

立心不善，把奴家閃在一邊。俺當初悔效文君，你如今狠似龐涓。琴心何日再偷傳？飛鳳求鸞續斷絃。

集賢賓 二首　頂真敘情

冤家狠心將俺閃，閃的人叫苦連天。天道無私靈聖顯，顯着你負了盟言。言辭改變，變了心神明照監。監察俺，俺虧心性命難全。

虧恩負義全是你，你須當服罪知非。非是俺如今不懊悔，悔只悔一向着迷。迷人難治，治不的真心實意。意兒美，美姻緣再也休提。

駐雲飛 二首　題贈小娥

燕舞鶯歌，弄月吟風錦繡窩。咿軋冰輪過，皎潔銀蟾墮。嗏，飛下小嫦娥，忽驚四座。謫降天仙，權遂人間樂。仙不風流圖甚麽！人不風流待怎麽！

玉質冰姿，又是蟾宫第一枝。小桂多風致，嫩蕊偏嬌媚。嗏，根自廣寒移，化生塵世。天上人間，一樣貪歡會。仙不貪歡圖甚的！人不貪歡待怎的！牛小娥者，月娥女也，初爲名妓，詞以嘉之。

朝天子 又贈

月娥，少娥，一輩兒傳一個。能彈能舞又能歌，品竹誰能過。妙手名家，知音在坐，擺筵席賀客多。伴明月養活，共白雲結夥，好挾上東山樂。兩娥來謝品題，果尤物也，再此答意。

水仙子帶折桂令　嘲友

青天白日打燈籠，照見南來小相公：涼衫大帽粧朝奉，搭連包肩後聳，倒垂蓮燭影搖紅。頂着甑是何威重，對着人全無禮容，光着腿怎打秋風？光着腿怎打秋風？步履郎當，舉止疏慵。豈是清修，雖然簡便，也欠温恭。入公門鞠躬時誠惶誠恐，在家中習禮處無影無踪。假若是越女吴童，月貌花容，一迷裏前後通行，不枉了邂逅相逢。

錦堂月　偶書

以下二首據汪本補，亦見南宫詞紀。

山閣蕭條，花枝瘦損，難同舊時容貌。雨淚盈盈，空有寄來鮫綃。將萬縷蘭麝微熏，記一點櫻桃紅小。歸期早，看取月下花前，那時歡笑。

高陽臺　落花有感

碧山續稿題同，吴騷二集題作春怨。皆注王渼陂撰。

半畝蒼苔，一番紅雨，韶光滿眼二集作地。拋擲。立盡東風，可能容易收拾，狼籍。留他不住春歸也，問那人歸在何日？望天涯暮雲千里，杳無消息。

海浮山堂詞稿卷四

附　録

雙調新水令　此套北宫詞紀題作治邑考最忌者誣以賣酒調官因戲爲縣官賣酒。

余治邑核最，忌之者因而媒蘖必無之事，竟解官。聞之者爲之一笑，見之者未嘗不相對笑也。真定道中，行吟馬上，口占雙調一闋。或索所著作，遂書此以示；歌未竟，乃鼓掌大笑不可止。余曰：「客何笑之甚哉？長者停車下邑，猝無以爲具。我有斗酒，藏之久矣，于此不以奉其上，不可謂忠且敬也。脱有民酬其直，拒而弗受，自立于峻絶危疑之地，亦太傷廉哉！其直誠儉，其事誠細，獨不聞劉寵一錢、相如滌器哉！然則爲之者非妄爲，議之者非浮議，聽之者非過聽，笑之者非真笑矣。以直道黜，不猶愈于失己；以微罪行，不猶賢于顯斥哉！」客乃斂容蹴踖避席曰：「先生之言良是也。」余既送之出户，客乃仰天而視，掩口而顧，捧腹踉蹌而歸。余爲之延佇目送者久之，亦逌然解頤曰：「狂客之笑若是，是余之賣酒，信然哉，信然哉！」詞不可傳而事可傳，必能博天下後世同一笑云。

喜皇風醇美運熙洽，太平年釀成玄化。醉翁亭真快樂，酒泉郡儘繁華。生意堪誇，這店主設施大。

【駐馬聽】畫戟高牙，不比尋常賣酒家；香車駟馬，非同小可潑生涯。草刷兒斜向縣門插，布帘兒飄颯譙樓下。忒清高真秀雅，把廳堂凈掃新裝榨。

【雁兒落】一個酒太公將象簡拿，一個店小兒北宫詞紀作二。把金魚掛。一個打壺瓶使了錫鑞牌，一個盛碗盞占了文書架。

【得勝令】一個掌櫃的坐官衙，一個寫帳的判花押，一個承印吏知錢數，一個串房人曉算法。這一個尠瓜，不吃酒便要當堂罵；那一個油花，不還錢就將官棒打。

【沉醉東風】一個個攘賬的翻盆弄瓦，一個個少錢的帶鎖披枷。假若係良民且索休，是窮鬼饒他罷。賬難清屢次駁查，展轉那移下筆差，定問擬知情枉法。

【水仙子】也曾見漢相如水洗的手兒滑，也曾見畢吏部繩纏的腿兒麻，也曾見李翰林寵幸的心兒大，也曾見賀知章掉下馬。幾曾見這樣豪華？月臺上排銀瓮，丹墀裏傳玉斝，琴堂中滿泛流霞。

【折桂令】琴堂中滿泛流霞，喜的是海量寬洪，愛的是民意和洽。醉漢升堂，糟頭畫卯，酒鬼排衙。五更籌雙雙一迷裏投壺打馬，三通擂鼕鼕都做了擊鼓催花。鈔不料罰，價不争差，只圖個脱貨求財，勝强如害衆成家。

【離亭宴歇指煞】韻悠悠絃歌聲裏觀風化，樂陶陶醉鄉深處無驚詫。由他笑咱，過幾個快活年，行幾椿平穩事，説幾句安然話。壺中日月長，醉裏乾坤大。非咱自誇，一不欠起存粮，二不欠京鎮草，三不欠丁夫價。除非人可北宫詞紀作不。憎，到了天不怕，勸飲呵休辭莫假。酩子裏好裝憨，葫蘆提不爲傻。

楊龜山語録云：設法賣酒，所在官吏遂張樂集妓，以來小民，此最爲害政。而必爲之辭曰：與民同樂。豈不誣哉！按此事宋朝乃實有之，亦可笑甚矣。故龜山深疾之如此。

南吕一枝花　縣官賣柳

有引見山堂緝稿。

荒城小過活，僻邑胡將就；清官窮計策，瑣事細搜求。日用堪憂，俸少飢難救，民貧債不酬。每日價三曹案紙上栽桑，總不如一命官堂前賣柳。

【梁州】一個個銅錢扣手，一張張寶鈔當頭。青枝翠幹安排勾，官與民兩平買賣，本和利加倍交收。土要厚根深條望，水要勤葉密陰稠。第一年嫩生生大似車軸，第二年圓混混粗如巴斗，第三年直立立好做梁頭。凝眸，倚樓，灞陵橋弄影篩清晝。馬嘶風鶯喚友，飛絮垂絲散客愁，嬝娜輕柔。

【尾】自古道河陽一縣花如繡，臺城十里烟如舊，争似這召南萬載春常有。喜棠陰久留，樹芳名不休，也强如陶令門前五株柳。

是時撫臺李公，檄州縣各樹道路如法。六郡州縣，奉行未至，而余所課樹已暢茂矣。忌者因而中傷之。

右二詞是爲縣官賣酒賣柳而作也。縣官既行其政，而民心亦歸。使者以其異己，深忌之。又使者至，謂之曰：「爾福人也。」使者謝曰：「余胡爲乎福哉？」又使者曰：「至此邑，溝洫治，途樹茂，他事稱是，百里改觀焉。吏之良也，非公之福哉。」使者默然不應，呼酒與之飲。執事者以金華進，惡其甘而叱之。邑小無他異酒，則以市醞進。使者怒，叱執事者。主簿曰：「今京師一時尚黍釀，何不以青州從事進乎？」余曰：「是大不可，且懼無繼也。」簿曰：「事急矣，禍將及我，公獨不爲動耶！」力請鑰，跨馬去，致一罌而獻之。二使者欣然大釂，俄而竭。再釂，則非也。復怒，索黍釀益急。執事者慄慄，稽顙請罪。既得其實，促車而去，密遣人偵縣官過。久之，亡所得，遂以二事爲聯而緘詒當事者。當事者拒弗信，而使者持之益力。反覆不得已，論調焉。或者嘆曰：「此禍水耶？禍本耶？何以至是也！」

附樂府南吕引

淶邑蕞爾山谿之内，田野瘠陒，近山多石，瀕水則沙。民率惰業，五穀不蕃。然故爲偏安易治之地，以山有茂林，園有嘉實，采而售之，寔佐地利。邇以庚辛之間，三歲大侵，五穀幾絶，民乃樵山伐園，負薪燔炭致之京師，且有茹葉糗皮以救死者。然而徙者過半，死者半矣。山童地赭，民物蕭索之餘，余受命至邑，蓋爲之憮然者凡數月也。招徠休息，既浹一年，方春發生，始勸民樹藝。墻下道左無有棄壤，民油然從之，其弗化者弗詰。城門之外，官路達於四境。劚塹疊障高深，廣一、袤如干數。塹以内樹以楊柳，相距尋有尺；障之巔種以條枚，相距尺有咫。舊制：拒馬河，每歲繕橋梁以通貢薪運道，届夏防漲，則撤而頒焉，供官吏私爨矣。余不可，曰：盍儲之以預秋乎？僉曰：無能蓄也。浥腐之患，守舍之費，不如用之。乃令程材陶甓，完城堞，修學舍，治廳行署，以次一新。蓋自數十年頹敝者得全焉。而執役力作，皆胥徒之在官者，民無一錢一力之擾。以土木之材，工作之費，胥營之官，民弗與知也。然猶能餘故木以儲秋役，乃新橋，輸材者纔及半而止。余因召民至前諭之曰：材僅贍橋足矣。餘無庸爲也。即止之，則即輸者弗能平。其未至者姑令勿亟，及春，各輸一栽以樹官路。再秋則統蠲，木之半自足也。衆欣欣退，趍其穡事。春乃肩其栽而至，則令徇道路者樹如法，儼行列矣。父老語曰：前二十年，邑有路宰者，仁人也。種樹近郊，鬱鬱成蔭。頃爲吾民茹其葉，糗其皮，薪蒸其條幹，無遺株。殆樹之菑，民之賴也。余獨自憾不能慎修以樹謗，繼之者將以樹懲也。長養之難，翦伐者至矣，安能爲路公二十年遺惠哉？雖然，翦伐之餘，萌蘗之滋，苟有存者，安知千載後不喬木哉？使余信如謗者語，則吾民之子若孫必相傳而指之曰：是先人之以一錢得於劉侯者，吾黨其世世守之。余名不彰且久哉。故不薄其名，不耻鄙事，又從而爲之詞。

正宫端正好　吕纯阳三界一览

嘉靖丁酉春，一道士挾箕仙之術驗休咎。今中丞康川冀公，余弟觀察使，時尚未第，偕余往叩焉。道士戒以精舍齋沐，翊日乃可祗事。厥明而道士至，題位焚香符咒，降神應禱，書事忽誤字。余曰：「焉有不識字鬼能休咎哉？」余遂扶箕祝曰：「必真純陽公來也。」所書辰戌科第名數，後皆奇中。是歲秋，余果領鄉薦，竟不許甲第，亦既驗矣。迨戊午丁巳間，有酷吏按治齊魯，大獵民貲，以填溪壑，累歲無饜。人人自危，莫知所止。咸謀攝問箕仙，而不得道士所在。衆乃强余禱之，既降筆，但書不可言不可言六字而止。余曰：「神仙亦畏人哉？如果畏之，詼詞隱語，何不可也！」乃歷草二十一段，而大書以命之曰三界一覽。次而録之，正宫套詞也，亦不正言齊魯事。諺云：鬼怕惡人。詎不信然！

恰離了玉皇前，早來到金門上，衆仙官列坐巖廊。有靈有聖無偏黨，總是忠良將。

【滚繡球】作善的降百祥，作惡的降百殃，禍福司分毫不爽，免不的自作自當。有勢的休使威，無錢的休妄想，便休提東遮西擋，使不的口大舌長。雷門斷斷無虚斧，天網恢恢不漏網，立見存亡。

【脱布衫】遍天宫飛繞祥光，下塵寰歷覽封疆。垂衣的唐虞聖上，補衮的吕周賢相。

【小梁州】慶了這萬載隆平國祚昌，大振朝綱。諸司百職總循良，仁風蕩，德教被遐荒。

【朝天子】紙不罰半張，帕不受一方，便是一池水難形狀。官清吏瘦小民康，處處有傍州樣。寬緩追徵，辨明冤枉，説虧人實是謊。掛靴的滿牆，竪碑的滿堂，一個個留名望。

【四邊静】霎時間咨嗟嘆賞，踏住閑雲，倚遍斜陽。枕畔黄粱，一覽山河壯。知他森羅殿在那廂，索把雲頭降。

【耍孩兒】撥開地軸躬身望，黑洞洞沉吟半晌。出生入死判陰陽，總是些糊突行藏。邪神假仗靈神勢，小鬼粧成大鬼腔，胡廝混歪廝攘。坐不的金門寶殿，分不出地府天堂。

【十三煞】那吒每擺兩班，夜叉每列幾行，牛頭馬面狼牙棒。後宫收訖金銀錁，前殿交盤寶鈔箱，打路鬼來索帳。盡都是張牙餓虎，露爪貪狼。

【十二煞】爪撈兒十把鈎，筆尖兒一桿鎗，那判官舉筆擡頭望。金銀橋上休歡喜，刀劍林中慢慘傷，從頭細審聽明降。管教您行凶的壯膽，作福的着忙。

【十一煞】女孩兒枉訴冤，老將軍忒自强，這兩人休把金橋傍。鋼叉緊守銀瓶姐，套索牢拴武穆王，秦家兩口兒齊疏放。屈枉了南朝元宰，相府糟糠。

【十煞】埋兒的望得財，卧冰的待吃湯，這兩人怎在銀橋上？三年乳哺傷和氣，一片瓊瑶破碧江，免不的遭魔障。佯慈悲的郭巨，假孝順的王祥。

【九煞】鬧吵吵毆丈夫，淚漣漣怨始皇，古來列女虛名望。身投濁水秋胡婦，哭倒長城美孟姜，這潑賴難輕放。着落他疏通河道，找補邊牆。

【八煞】雞黍邀好弟兄，金寶分欠忖量，誰知禍害從今降！范張閉口難分訴，管鮑低頭不省腔，唤左右忙供狀。這兩個同謀上盜，那一個坐地分贜。

【七煞】趙瞎漢瞅他爺，錢啞巴駡他娘，孫聾親聽的姪兒謗。李没牙咬下半邊耳，周禿廝髮拔一寸方，吴瘸兒踢折了將軍項。這一起干名犯義，那一起鬭毆成傷。

【六煞】王道人(汪本作士)告出妻，高内官犯宿娼，閨門不整楊和尚。老鴇兒半身不遂胡行逕，小大兒兩腿瘋癱莽跳牆，這男女實淫蕩。依律還俗發遣，照例貨賣從良。

【五煞】這賊情問的真，那囚徒謊的慌，當頭見放着真贜仗。飢寒憑盜爲活計，晝夜看財合謹防，誰是你看家將？開豁了强人復業，比較着失主追贜。

【四煞】這人命也不虚，那身屍實有傷，四隣六證難欺誑。李三帽兒張三戴，張四名兒李四當，斷不倒無頭狀。少不的供明的擬罪，平白地招詳。

【三煞】又一干放火情，牽連着衆地方，焦頭爛額都呈樣。却不合收拾不浄柴一垛，又不合準備不及水兩缸，各有力應折杖。上納了工食紙穀，追奪了稭稈房廊。

【二煞】有錢的快送來，無錢的且莫慌，尋條出路翻供狀。偷與我金銀橋上磚一塊，水火爐邊油兩缸，殘柴剩炭中燒炕。若無有這般打典，脱與我一件衣裳。

【一煞】這幾場對三曹，那兩邊列六房，能神惡鬼喬模樣。三番下雨三重濕，一遍求神一上香，腦後帳全不當。有幾個東洋大海，成不盡實犯真贓。

【煞尾】剛離了鬼府關，早看了天門榜。伏章奏請金堦上，把這三界源流細細的講。

般涉調耍孩兒　骷髏訴冤

三界一覽既録，人争傳誦，咸謂幽明之際可畏哉。繇是乞卜者紛紛矣。黄海岳至自歷下，館于書舍，竊慕其事，自謂可致也。閉室私攝焉，再三之而弗應。余叩門而入，因拉與扶之。余曰：「汝奚卜，奚不祝也？」曰：「願乞長生術耳。」已而箕運甚力，或間息焉。嗣而録之，不詳其義。余叱曰：「汝何鬼，此何説也？」乃徐書骷髏訴冤四字。余嫚駡曰：「此何關於問答哉！急去毋留。必純陽師來，乃受教。」又祝而降，詞語大相似，自稱我東方財神也。余與黃子相視而愕，且惑其爲吾鄉財神也，不敢詆呵；而骷髏者亦必吾土冤鬼矣。事固可惻，姑併存之焉。

饒君使盡英雄漢，免不得輪迴一轉。雖然跳不出死生關，也省了些離合悲歡。三魂早上泉臺路，七魄先歸蒿里山，深埋遠葬塵緣斷。自古道蓋棺事定，入土爲安。

【九煞】猛聽的一片聲，撲篸篸振地喧，鋼鍬鐵钁團團轉。又不是山衝水破重遷葬，又不是吉日良辰再啓攢，原來是官差一夥喬公幹。霎時間黃泉曬底，白骨掀天。

【八煞】讐徒慣放刁，贓官莽要錢，鋪謀定計歪廝戰。非干人命伸冤枉，只要身屍作證間，山東六府都跑遍。少可有一千家發塚，八百處開棺。

【七煞】又不曾争一言，又不曾交一拳，又不曾本家親屬來陳辯。子孫祭掃三兩輩，桑梓栽培數十年，没來由到處差官勘。耳邊廂神號鬼哭，眼見的地覆天翻。

【六煞】今日王家莊，明日李家園，南來北往迎知縣。坑中滿把乾柴熰，鍋内忙將滚水煎，亡靈何苦遭烹鍊！粉身碎骨，瀝膽披肝。

【五煞】無傷要有傷，非冤却報冤，富家郎免不的遭刑憲。這的是不見死屍不下淚，要了官司要使錢，清平世界登時變。説甚麽昭昭白日，湛湛青天！

【四煞】常言道錢出急家門，財與命相連，將錢買命非輕賤。王員外過付銀一萬，李大舍交收金一千，招詳改擬銷前件。執法司倒做了枉法，洗冤録却做了啣冤。

【三煞】千家墳做了七寶山，一張狀强如騙海船，金銀財寶齊興販。每日價廣搜故紙追贓杖，到晚來獨對孤燈打算盤，開了門偷睛看：抱狀的是招財童子，訪事的是利市仙官。

【二煞】生民有處逃，原本作還，茲從刻本。死屍無處鑽，陽人反把陰人陷。誰家冤孽將咱垛？你的窮坑着俺填，百骸九竅都零散。誰與俺修齋作福？枉受了萬苦千酸。

【一煞】一個道管送不管埋，一個道丟開不在官，一個道提防後日還來驗。炎天露暴蠅蟲咬，淺土浮坵鴉雀餐。俺也曾替你掙了千千貫。他和你一併歸結，閃的俺兩不相干。

【尾】告知富家郎，少把金銀攢。大家都做個精窮漢，免使他圖財連累着俺。

般涉調耍孩兒　財神訴冤

三皇聖世傳堯舜，治國生財爲本。裝修萬里錦乾坤，全仗俺一位尊神。年年打算床頭帳，日日奔忙世上人，一心兒都要與俺相親近。掌管着金銀寶藏，看守定福禄財門。

【九煞】人人下苦求，個個忒認真，却不道財星拱照時和運。時來共喜石崇富，運去偏憎原憲貧。一家兒寫一本錢神論。誰不待黄金過了北斗，白璧降了西秦。

【八煞】自古道財多身有傷，身安不怕貧，怎當的濕肉熬乾棍！面前插水真成假，紙上栽桑假作真，一日一個迷昏陣。一個個哭天無淚，一個個入地無門。

【七煞】鐵掃帚便是掃地王，皮笊籬做了個聚寶盆，瞞天一網都撈盡。蚰蜒穴内難逃命，狼虎唇邊怎脱身？狠心腸還道無滋潤。頭髮根兒裏數算，牙齒縫兒裏搜尋。

【六煞】不怕頭上有青天，只説書中有黄金，大家撞着梟神運。雲殘風捲三齊土，水浄鵝飛六郡民，還不捨心中恨。千人下淚，萬户傷心。

【五煞】一家掌着霜刃鑭，一家湊下雪錬銀，兩家見了情兒順。十分足色傾成錠，一樣精絲踅到心，霎時間銷了心頭悶。他便是追魂使者，俺做了救苦天尊。

【四煞】俺本是尋常百姓家，怎伴的威嚴九棘臣？雲臺凛凛難投進。幾番家盤詰無夾帶，一迷裏交收有禍因，顯些兒犯了天條禁。怕的是黏污風憲，擅入公門。

【三煞】他教我星馳徑到家，火速取回音，千山萬水難尋問。中途又怕强人手，半夜還憂獨宿身。眼睁睁又犯了天條禁，各不合擅離信地，私渡關津。

【二煞】不多時到地頭，正遇着大開門，東隣西舍來存問。一個道兩年過付全憑俺，一個道每日交通不避人。眼見的都一分，買命錢一時了事，護身符半紙迴文。

【一煞】財源向北流，財星直北奔，迢迢遠過漁陽郡。從今休想回來路，此去誰扶困苦民？低頭懶把蒼天問，坑的俺有家難奔，送的俺舉眼無親。

【煞尾】他來俺這裏做了官，俺去他那裏爲了神。離鄉背井都休論，終不道天網恢恢尋不着您。

嘉靖丁巳戊午間，有墨吏某，每按郡縣，輒羅捕數百千人，囹圄充塞，重足而立，夕無卧處。計民產百金已上，必坐以法竭之。凡告人命，雖誣必以實論，有厚賂，雖實必釋。由是誣告伺察之風盛興，而倚法强發民冢者不可勝計。冢主自陳無冤，則坐以私和；縣官勘報無傷，則論以枉法。有葬七十餘年者，冢巔之木合抱矣，子孫乞哀于縣官。縣官垂涕而掘之，不敢後。某自謂山東之民易于殘虐，密請于故相，獨留二年，六郡之財悉歸私室而後去。嗚呼！訴冤二詞，人所不敢言者，而仙言之，亦異矣哉！

秋笳集	[清]吴兆騫撰　麻守中校點
漁洋精華録集釋	[清]王士禛著 李毓芙、牟通、李茂肅整理
聊齋志異會校會注會評本	[清]蒲松齡著　張友鶴輯校
敬業堂詩集	[清]查慎行著　周劭標點
納蘭詞箋注	[清]納蘭性德著　張草紉箋注
方苞集	[清]方苞著　劉季高校點
樊榭山房集	[清]厲鶚著　[清]董兆熊注 陳九思標校
劉大櫆集	[清]劉大櫆著　吴孟復標點
儒林外史彙校彙評(增訂版)	[清]吴敬梓著　李漢秋輯校
小倉山房詩文集	[清]袁枚著　周本淳標校
忠雅堂集校箋	[清]蔣士銓著　邵海清校 李夢生箋
甌北集	[清]趙翼著　李學穎、曹光甫校點
惜抱軒詩文集	[清]姚鼐著　劉季高標校
兩當軒集	[清]黄景仁著　李國章校點
惲敬集	[清]惲敬著　萬陸、謝珊珊、林振岳 標校　林振岳集評
茗柯文編	[清]張惠言著　黄立新校點
瓶水齋詩集	[清]舒位著　曹光甫點校
龔自珍全集	[清]龔自珍著　王佩諍校點
龔自珍詩集編年校注	[清]龔自珍著　劉逸生、周錫䪖校注
水雲樓詩詞箋注	[清]蔣春霖著　劉勇剛箋注
人境廬詩草箋注	[清]黄遵憲著　錢仲聯箋注
嶺雲海日樓詩鈔	[清]丘逢甲著　丘鑄昌標點

袁宏道集箋校	[明]袁宏道著　錢伯城箋校
珂雪齋集	[明]袁中道著　錢伯城點校
隱秀軒集	[明]鍾惺著　李先耕、崔重慶標校
譚元春集	[明]譚元春著　陳杏珍標校
張岱詩文集(增訂本)	[明]張岱著　夏咸淳輯校
陳子龍詩集	[明]陳子龍著 施蟄存、馬祖熙標校
夏完淳集箋校(修訂本)	[明]夏完淳著　白堅箋校
牧齋初學集	[清]錢謙益著　[清]錢曾箋注 錢仲聯標校
牧齋有學集	[清]錢謙益著　[清]錢曾箋注 錢仲聯標校
牧齋雜著	[清]錢謙益著　[清]錢曾箋注 錢仲聯標校
牧齋初學集詩注彙校	[清]錢謙益著　[清]錢曾箋注 卿朝暉輯校
李玉戲曲集	[清]李玉著 陳古虞、陳多、馬聖貴點校
吳梅村全集	[清]吳偉業著　李學穎集評標校
歸莊集	[清]歸莊著
顧亭林詩集彙注	[清]顧炎武著　王蘧常輯注 吳丕績標校
安雅堂全集	[清]宋琬著　馬祖熙標校
吳嘉紀詩箋校	[清]吳嘉紀著　楊積慶箋校
陳維崧集	[清]陳維崧著　陳振鵬標點 李學穎校補
屈大均詩詞編年校箋	[清]屈大均著　陳永正等校箋

放翁詞編年箋注（增訂本）	[宋]陸游著　夏承燾、吴熊和箋注 陶然訂補
渭南文集箋校	[宋]陸游著　朱迎平箋校
范石湖集	[宋]范成大撰　富壽蓀標校
范成大集校箋	[宋]范成大撰　吴企明校箋
于湖居士文集	[宋]張孝祥著　徐鵬校點
稼軒詞編年箋注（定本）	[宋]辛棄疾撰　鄧廣銘箋注
辛棄疾詞校箋	[宋]辛棄疾著　吴企明校箋
姜白石詞編年箋校	[宋]姜夔著　夏承燾箋校
後村詞箋注	[宋]劉克莊著　錢仲聯箋注
瀛奎律髓彙評	[元]方回選評　李慶甲集評校點
雁門集	[元]薩都拉著 殷孟倫、朱廣祁校點
揭傒斯全集	[元]揭傒斯著　李夢生標校
高青丘集	[明]高啓著　[清]金檀注 徐澄宇、沈北宗校點
唐寅集	[明]唐寅著　周道振、張月尊輯校
文徵明集（增訂本）	[明]文徵明著　周道振輯校
震川先生集	[明]歸有光著　周本淳校點
海浮山堂詞稿	[明]馮惟敏著 凌景埏、謝伯陽標校
滄溟先生集	[明]李攀龍著　包敬第標校
梁辰魚集	[明]梁辰魚著　吴書蔭編集校點
沈璟集	[明]沈璟著　徐朔方輯校
湯顯祖詩文集	[明]湯顯祖著　徐朔方箋校
湯顯祖戲曲集	[明]湯顯祖著　錢南揚校點
白蘇齋類集	[明]袁宗道著　錢伯城校點

歐陽修詞校注	[宋]歐陽修著　胡可先、徐邁校注
蘇舜欽集	[宋]蘇舜欽著　沈文倬校點
嘉祐集箋注	[宋]蘇洵著　曾棗莊、金成禮箋注
王荆文公詩箋注(修訂版)	[宋]王安石著　[宋]李壁箋注　高克勤點校
王令集	[宋]王令著　沈文倬校點
蘇軾詩集合注	[宋]蘇軾著　[清]馮應榴注　黄任軻、朱懷春校點
東坡樂府箋	[宋]蘇軾著　[清]朱孝臧編年　龍榆生校箋
東坡詞傅幹注校證	[宋]蘇軾著　[宋]傅幹注　劉尚榮校證
欒城集	[宋]蘇轍著　曾棗莊、馬德富校點
山谷詩集注	[宋]黄庭堅著　[宋]任淵、史容、史季温注　黄寶華點校
山谷詩注續補	[宋]黄庭堅著　陳永正、何澤棠注
山谷詞校注	[宋]黄庭堅著　馬興榮、祝振玉校注
淮海集箋注	[宋]秦觀撰　徐培均箋注
淮海居士長短句箋注	[宋]秦觀著　徐培均箋注
清真集箋注	[宋]周邦彦著　羅忼烈箋注
石門文字禪校注	[宋]釋惠洪撰　周裕鍇校注
石林詞箋注	[宋]葉夢得著　蔣哲倫箋注
樵歌校注	[宋]朱敦儒著　鄧子勉校注
李清照集箋注(修訂本)	[宋]李清照著　徐培均箋注
吕本中詩集箋注	[宋]吕本中著　祝尚書箋注
陳與義集校箋	[宋]陳與義著　白敦仁校箋
蘆川詞箋注	[宋]張元幹著　曹濟平箋注
劍南詩稿校注	[宋]陸游著　錢仲聯校注

韓昌黎文集校注	[唐]韓愈著　馬其昶校注 馬茂元整理
劉禹錫集箋證	[唐]劉禹錫著　瞿蜕園箋證
白居易集箋校	[唐]白居易著　朱金城箋校
柳宗元詩箋釋	[唐]柳宗元著　王國安箋釋
柳河東集	[唐]柳宗元著　[宋]廖瑩中輯注
元稹集校注	[唐]元稹著　周相録校注
長江集新校	[唐]賈島著　李嘉言新校
張祜詩集校注	[唐]張祜著　尹占華校注
三家評注李長吉歌詩	[唐]李賀著　[清]王琦等評注 蔣凡校點
樊川文集	[唐]杜牧著　陳允吉校點
樊川詩集注	[唐]杜牧著　[清]馮集梧注
温飛卿詩集箋注	[唐]温庭筠著　[清]曾益等箋注
玉谿生詩集箋注	[唐]李商隱著　[清]馮浩箋注 蔣凡校點
樊南文集	[唐]李商隱著　[清]馮浩詳注 錢振倫、錢振常箋注
皮子文藪	[唐]皮日休著　蕭滌非、鄭慶篤整理
鄭谷詩集箋注	[唐]鄭谷著 嚴壽澂、黄明、趙昌平箋注
韋莊集箋注	[五代]韋莊著　聶安福箋注
李璟李煜詞校注	[南唐]李璟、李煜著　詹安泰校注
張先集編年校注	[宋]張先著　吴熊和、沈松勤校注
二晏詞箋注	[宋]晏殊、晏幾道著　張草紉箋注
樂章集校箋	[宋]柳永著　陶然、姚逸超校箋
梅堯臣集編年校注	[宋]梅堯臣著　朱東潤編年校注
歐陽修詩文集校箋	[宋]歐陽修著　洪本健校箋

蕭繹集校注	[南朝梁]蕭繹著　陳志平、熊清元校注
玉臺新咏彙校	吴冠文、談蓓芳、章培恒彙校
王績集會校	[唐]王績著　韓理洲校點
王梵志詩校注（增訂本）	[唐]王梵志著　項楚校注
盧照鄰集箋注	[唐]盧照鄰著　祝尚書箋注
駱臨海集箋注	[唐]駱賓王著　[清]陳熙晉箋注
王子安集注	[唐]王勃著　[清]蔣清翊注
陳子昂集（修訂本）	[唐]陳子昂撰　徐鵬校點
孟浩然詩集箋注（增訂本）	[唐]孟浩然著　佟培基箋注
王右丞集箋注	[唐]王維著　[清]趙殿成箋注
李白集校注	[唐]李白著　瞿蜕園、朱金城校注
高適集校注（修訂本）	[唐]高適著　孫欽善校注
杜詩趙次公先後解輯校	[唐]杜甫著　[宋]趙次公注　林繼中輯校
新刊校定集注杜詩	[唐]杜甫著　[宋]郭知達輯注　聶巧平點校
新定杜工部草堂詩箋斠證	[唐]杜甫著　[宋]魯訔編　[宋]蔡夢弼會箋　曾祥波新定斠證
杜詩鏡銓	[唐]杜甫著　[清]楊倫箋注
錢注杜詩	[唐]杜甫著　[清]錢謙益箋注
杜甫集校注	[唐]杜甫著　謝思煒校注
岑參集校注	[唐]岑參著　陳鐵民、侯忠義校注
戴叔倫詩集校注	[唐]戴叔倫著　蔣寅校注
韋應物集校注（增訂本）	[唐]韋應物著　陶敏、王友勝校注
權德輿詩文集	[唐]權德輿撰　郭廣偉校點
王建詩集校注	[唐]王建著　尹占華校注
韓昌黎詩繫年集釋	[唐]韓愈著　錢仲聯集釋

《中國古典文學叢書》已出書目

詩經今注	高亨注
楚辭集注	[宋]朱熹撰　黄靈庚點校
楚辭今注	湯炳正、李大明、李誠、熊良智注
司馬相如集校注	[漢]司馬相如著　金國永校注
揚雄集校注	[漢]揚雄著　張震澤校注
張衡詩文集校注	[漢]張衡著　張震澤校注
阮籍集	[魏]阮籍著　李志鈞等校點
陸機集校箋	[晉]陸機著　楊明校箋
陶淵明集校箋(修訂本)	[晉]陶潛著　龔斌校箋
世説新語箋疏(修訂本)	[南朝宋]劉義慶撰　余嘉錫箋疏　周祖謨等整理
世説新語校釋(增訂本)	[南朝宋]劉義慶撰　[南朝梁]劉孝標注　龔斌校釋
鮑參軍集注	[南朝宋]鮑照著　錢仲聯增補集説校
謝宣城集校注	[南朝齊]謝朓著　曹融南校注集説
江文通集校注	[南朝梁]江淹著　丁福林、楊勝朋校注
文心雕龍義證	[南朝梁]劉勰著　詹鍈義證
詩品集注(增訂本)	[梁]鍾嶸著　曹旭集注
文選	[梁]蕭統編　[唐]李善注